Willian Cardoso e Gitânia Vargas

Formando Pais

O Manual da Família

COMO EDUCAR DE FORMA ASSERTIVA E SEM MEDO

CONQUISTANDO A ADMIRAÇÃO E O RESPEITO DOS FILHOS

COMO LIDAR COM A BIRRA E O ENFRENTAMENTO

COMO ENSINAR LIMITES DE FORMA EFICIENTE

COMO RESOLVER CONFLITOS COM SEUS FILHOS

COMO ELIMINAR MEDOS E A INSEGURANÇA DOS FILHOS

COMO CRIAR FILHOS FORTES E SAUDÁVEIS

CONTEÚDO EXTRA • 2 PALESTRAS EXCLUSIVAS •

Instituto Liberdade

Vitrola® editora

Direção Editorial
Vitor Alessio Manfio

Projeto Gráfico
Erick Alves Pereira

Revisão
Paula Mendonça
Priscila Pulgrossi Camara

Assistência Editorial
Tayná Werlang

Dados Internacionais de Catalogação na Publicação (CIP)
(Câmara Brasileira do Livro, SP, Brasil)

Cardoso, Willian Azeredo

Formando pais / Willian Azeredo Cardoso, Gitânia Vargas. -- 1. ed. --
Frederico Westphalen, RS : Vitrola Editora, 2022.

ISBN 978-65-89711-33-9

1. Educação 2. Filhos - Criação 3. Pais e filhos 4. Relacionamento familiar
I. Vargas, Gitânia. II. Título.

22-104629 CDD-649.1

Índices para catálogo sistemático:

1. Pais e filhos : Educação de filhos : Vida familiar 649.1

Aline Graziele Benitez - Bibliotecária - CRB-1/3129

Vitrola editora

SUMÁRIO

AGRADECIMENTOS

Aos pais, mães, avós, educadores, filhos e filhas que nos ajudaram a construir a base de conhecimentos do Formando Pais. Em especial, a todos que participaram do encontro que aconteceu em agosto de 2019. Queremos deixar registrada nossa sincera gratidão a cada pessoa que deu sua valiosa contribuição, apresentando quais as necessidades e os desafios das famílias que precisavam ser trabalhados dentro do Formando Pais.

A todas as pessoas que confiaram no nosso trabalho, adquirindo o Treinamento Formando Pais e colocando em prática esta poderosa ferramenta com os seus filhos.

Agradecemos também todas a pessoas que, generosamente, deram depoimentos sobre as transformações que fizeram na sua família e na vida dos seus filhos, após aplicarem os princípios do Formando Pais e da PNL (Programação Neurolinguística), fortalecendo-nos na missão de ajudar as famílias.

Por fim, a cada membro da família do Instituto Liberdade, pois sem vocês nada disso seria possível. Se esse conhecimento vem se expandindo a cada dia mais, é porque um dia vocês acreditaram e se permitiram viver.

Este livro é dedicado a você,

______________________________,

que deseja educar de forma assertiva e sem medo. Você que deseja deixar filhos muitos melhores para este mundo.

Para você que, assim como nós, acredita no valor da família. Que acredita que vale a pena se dedicar, para conservar princípios importantes em nossas crianças. Princípios estes que estão se perdendo no tempo, tais como:

- Respeito à autoridade dos pais;

- Preservação da infância;

- Valorização e respeito aos mais velhos;

- Valor da palavra, da gratidão, do trabalho...

Para você que entende o quanto é necessário se dedicar para criar filhos melhores e capazes de construir um mundo melhor.

ATENÇÃO!

Por você ter adquirido o livro físico do Formando Pais, você irá ganhar um BÔNUS ESPECIAL.

Aponte a câmera do seu celular para o QR CODE, acesse o link abaixo e assista a palestra Consciência para Pais.

www.formandopais.com/consciencia

Ela pode contribuir muito no seu processo de desenvolvimento da maternidade e da paternidade consciente.

COMO TUDO COMEÇOU?

Essa história começa com a trajetória de vida de duas pessoas, com realidades e conhecimentos diferentes: Willian Cardoso e eu, Gitânia Vargas. De um lado, um filho problema, de outro, uma mãe em busca de resolver o problema dos seus filhos.

Dois pontos de vista bem definidos: o olhar de um filho que passou por todas as fases do seu desenvolvimento desafiando constantemente seus pais e professores no processo de educação e escolarização, mas que depois cresceu, amadureceu e tornou-se um especialista em comportamento humano; e o meu olhar de mãe e educadora que sempre buscava conhecimentos para lidar com os desafios de educar seus filhos e também para intervir de forma efetiva na solução dos comportamentos indesejados dos alunos nas escolas, onde trabalhei por mais de 20 anos, auxiliando as famílias na superação das dificuldades apresentadas nas mais diversas realidades.

E, na incrível caminhada da vida, onde tudo tem seu propósito, esses dois caminhos se encontraram e uniram-se em prol de um sonho em comum: **levar felicidade para as crianças e suas famílias!**

Conheci o Willian num treinamento de desenvolvimento e liderança, no qual tive meu primeiro contato com a PNL — Programação Neurolinguística, uma ferramenta fantástica de comunicação que permite comunicar-se com a mente humana. Ao acessar esse novo conhecimento, descobri que existia um universo de possibilidades para me capacitar na minha função de mãe e educadora.

Assim, fui em busca desses conhecimentos que eu não possuía, apesar de minha formação na área educacional e experiência profissional com crianças há mais de 23 anos. Também fui em busca de me conhecer melhor, me reinventar e me aperfeiçoar, para depois ajudar meus filhos, alunos e outras famílias.

Logo após essas descobertas e aprendizagens, tive a oportunidade de trabalhar junto com o Willian num treinamento chamado Emagreça com Prazer, em que vivenciei esse universo de conhecimentos sobre a mente humana, sobre padrões comportamentais e sobre a possibilidade de transformar uma realidade utilizando as ferramentas adequadas.

Das aprendizagens, troca de experiências e conversas sobre a utilização da PNL com as crianças, nasceu a ideia de fazer um treinamento para pais e educadores. E, assim, unimos nossos conhecimentos da área educacional e de comportamento humano para criar o **Treinamento Formando Pais**, percebendo as dificuldades que as famílias enfrentavam para saber lidar com as mais diversas situações no processo de educação de um filho, bem como a carência que existia de informações e conhecimentos específicos nessa área.

O Formando Pais é o resultado de um trabalho construído com muito amor e dedicação para levar aos pais e educadores novos conhecimentos e técnicas que possibilitem a compreensão dos comportamentos dos seus filhos e alunos, nas suas diferentes fases do desenvolvimento, para que assim possam conduzi-los num processo educativo de formação do caráter, de fortalecimento de valores, de construção da identidade, de superação dos desafios e de construção da autonomia.

Hoje você está tendo acesso a esses conhecimentos, através deste livro, que fará parte da coleção Formando Pais: O Manual da Família.

O Formando Pais tem como propósito ser o manual de instruções que você sempre sonhou na criação dos filhos.

Este livro é o primeiro dessa coleção e abordará o que consideramos **os conhecimentos mais valiosos para que você possa educar de forma assertiva e sem medo.**

As palavras de cada página deste livro foram escritas com muito amor e responsabilidade para gerar consciência, provocar reflexões, trazer conhecimentos sobre o desenvolvimento infantil, orientar a ação assertiva, mostrar um caminho, "o básico bem feito", além de trazer esperança para as famílias.

Aproveite a leitura! Nada de pressa para chegar ao final do livro, mas, sim, calma para tirar aprendizagens de cada texto, transformando o conhecimento em sabedoria na sua vida, isto é, colocando-o em prática.

Aproveite a jornada!

ATENÇÃO!

Existem duas formas de você realizar a leitura deste livro de maneira inteligente e eficaz, percebendo o impacto do seu conhecimento em sua vida e nos comportamentos de seus filhos:

- A primeira é ler este livro uma vez de forma corrida, para conhecer todos os conteúdos contidos nele. Depois, ler uma segunda vez, fazendo a leitura de 5 a 15 páginas por dia, refletindo e praticando no mesmo dia o conhecimento adquirido.

- A segunda forma é no caso de você preferir fazer uma única leitura. Nossa sugestão, então, é que você faça-a pausadamente, lendo de 5 a 15 páginas por dia. Após a leitura, já faça sua reflexão, tire as aprendizagens e coloque em prática no mesmo dia o conhecimento adquirido.

Este livro contém uma filosofia de vida para a criação dos filhos, isto é, propõe uma forma de pensar e conduzir esse processo com base em valores, princípios e atitudes que precisam ser praticadas e vividas no dia a dia.

Compartilhe o conhecimento adquirido com seu cônjuge, pais, amigos, colegas de trabalho, através de conversas, para perceber os diferentes pontos de vista.

Permita-se rabiscar, escrever e sublinhar neste livro. Afinal de contas, é uma maneira de firmar o conhecimento em sua mente e irá facilitar suas futuras consultas a esse manual.

CAPÍTULO 1

CONSCIÊNCIA PARA PAIS: COMPREENDENDO A ARTE DE CRIAR FILHOS

1.1 EDUCAR É COMO CULTIVAR BAMBU CHINÊS

Educar uma criança é como cultivar bambu. Para quem não sabe, esse é um dos cultivos que exige mais persistência e paciência para dar certo.

Quando o bambu é plantado, ele exige muitos cuidados para que possa se desenvolver, desde cuidados simples como umedecer a terra e nutri-la com adubo, como também outros mais complexos, como proteger essa planta das pragas e dos insetos que querem a devorar.

O período de crescimento de um bambu é de aproximadamente seis anos. Contudo, desses seis, os cinco primeiros são de crescimento subterrâneo, aparecendo apenas um pequeno broto — e nessa fase inicial de amadurecimento, ele necessita de cuidados constantes.

Ao final do quinto ano, o bambuzal cresce em média 25 metros, fazendo valer a pena todo aquele período de cuidado constante e proteção, pois, como sua base já está extremamente bem consolidada, agora nada pode abatê-lo. Nem os vendavais que assombram as outras árvores o assustam, pois a sua estrutura lhe permite ser flexível diante das adversidades, sem quebrar ou cair.

O mesmo processo acontece com a criação de filhos. Muitas vezes os pais se dedicam tanto para que seus filhos cresçam! Contudo, para que isso aconteça, é necessário algum tempo.

É exatamente do 0 aos 8 anos que este alicerce é criado, ou seja, **o caráter se estrutura dentro desse tempo**. Por isso, costumamos dizer em nossas palestras e treinamentos que quanto mais você se dedicar nos primeiros anos da vida, ensinando valores como respeito, honestidade, verdade, carinho, lealdade, bondade, coragem, força, amizade..., menos você terá que se dedicar na fase adulta.

Sendo assim, o período dos 9 aos 17 anos denominamos como "idade de lapidar a joia", ou seja, de fazer o acabamento dessa personalidade.

A partir dos 17 anos, infelizmente, o poder dos pais diminui muito, quando falamos de mudanças comportamentais. A partir desse momento, as mudanças começam a acontecer de dentro para fora, tendo como pontapé inicial a vontade dos próprios filhos de mudar.

Então, nossa sugestão é: dedique-se ao máximo no alicerce dessa construção, na formação da base, na "alimentação da raiz desse bambu".

Se você cultivar esse "broto" com carinho, amor, dedicação e tiver coragem para enfrentar as "ervas daninhas, as pragas e os insetos" que estarão o rodeando constantemente; se você for persistente para trabalhar em cima disso todos os dias, ensinando valores e princípios, dando o seu melhor; haverá um dia em que você irá dormir e, então, quando acordar, esse broto terá crescido tantos metros quanto for possível e se colocará no caminho da sua fase adulta, em busca de autonomia.

Quando esse momento finalmente chegar, você perceberá o quanto valeu a pena todo o seu esforço!

É para ajudar você a realizar esse cultivo da melhor forma que estamos aqui. Venha conosco! Nas próximas páginas, vamos abordar temas que são a base da criação dos filhos e que vão fortalecer você para realizar com excelência uma das tarefas mais desafiadoras e recompensadoras: a criação de um ser humano.

Quando as raízes são profundas, não há razão para temer o vento.

1.2 CRIAR FILHOS DE UMA FORMA INSTINTIVA TEM 50% DE CHANCE DE DAR ERRADO

Quando se deseja ficar bom em Matemática, se estuda Matemática. Quando se deseja ficar bom em Português, se estuda Português.

Contudo, quando se deseja ser um bom pai ou uma boa mãe, estuda-se o quê?

Até então, não existia uma ferramenta prática para auxiliar os pais nesse desafio. Foi por isso que nós dedicamos mais de dois anos, estudando e visitando realidades diferentes, para montar um alicerce de conhecimentos capaz de apoiar os pais. Criamos um guia do desenvolvimento dos filhos, mostrando pontos de mudança e transformação nos aspectos comportamental, emocional, cultural e biológico e buscando ajudar em cada um deles.

Sendo assim, o Formando Pais vem para preencher essa lacuna.

No tempo mais antigo, criar os filhos era algo que acontecia de forma natural, pois boa parte das famílias vivia uma realidade interiorana, com um baixo nível de influência externa sobre seus filhos.

As famílias que viviam em uma propriedade rural quase não tinham contato com o universo externo. Dessa maneira, as bases referenciais para os filhos eram os pais.

Hoje, além da aproximação do universo externo, devido ao contato dessas crianças com muitas pessoas no aglomerado da população nas cidades, também temos a internet ampliando esse desafio, sendo uma mina de informações de qualquer tipo. As crianças estão sendo bombardeadas com conteúdos bons, mas também com muitos conteúdos de péssima qualidade.

Infelizmente, estamos inseridos em um mundo onde os valores se inverteram, pois hoje, em muitos casos, é bonito ser feio. Antigamente, se os pais eram pessoas de caráter, íntegras e corretas, os filhos provavelmente seriam também, pois esses filhos tinham seus pais como exemplo.

Hoje isso já não basta. Além de serem exemplo, os pais têm que: cuidar, ensinar, monitorar, dar limites e incentivar. Depois, novamente, têm que cuidar, ensinar, monitorar, dar limites e incentivar. E, quando acharem que está bom, os pais têm que continuar a cuidar, ensinar, monitorar, dar limites e incentivar...

E fazer tudo isso tendo a sensibilidade para não colocar os filhos em uma bolha de superproteção.

Porém, tudo isso acontece em tempo real, sem botão de *pause* e numa velocidade extremamente rápida.

Se não estivermos munidos de recursos, ferramentas, princípios e planos de ação muito bem definidos para agir contra as adversidades, tendemos a ter atitudes que irão levar este relacionamento, pai e filho, mãe e filho, a um resultado indesejado.

Costumamos dizer que, para esse relacionamento ser bem sucedido, seus condutores precisam estar no mínimo um passo à frente, porque as crianças irão estar sempre testando, desafiando — até mesmo para saberem se podem de fato confiar na condução, como um teste de capacidade e confiança diário.

Por isso, nossas sugestões hoje são:

1° Que você fique atento aos seus filhos e verifique de que forma eles irão questionar você ou até mesmo testar sua liderança.

2° Que você se questione como pode fazer para se colocar um passo à frente, para que esse questionamento ou desafio perca o sentido.

E talvez você se pergunte:

— Por que meu(minha) filho(a) me testa tanto?

A resposta é simples e muito lógica. Seu filho testa você para avaliar sua capacidade de protegê-lo e guiá-lo. Pois, se ele conseguir enrolar, conduzir ou vencer você em uma tomada de decisão ou em uma situação do dia a dia (como deixar de fazer uma tarefa doméstica que você ordena que ele realize, se fazendo valer da sua distração ou, até mesmo, da sua correria de trabalho), ele cria em seu inconsciente uma superioridade sobre a liderança dos pais e ao mesmo tempo desenvolve insegurança.

No pensamento de uma criança nasce a seguinte reflexão: "Se eu, que sou apenas uma criança, consigo enrolar minha mãe ou meu pai, como ele(a) vai conseguir me proteger dos perigos do mundo?".

Por isso, é tão importante que seus filhos percebam, pelo menos na fase até os 8 anos, que eles não conseguem competir com você.

Você precisa constantemente provar a sua inteligência, imponência e maturidade com voz ativa, para que seu(sua) filho(a) perceba-as e crie referência em você. Porque se ele não criar essa referência, que é tão necessária nessa fase da vida, em você, vai buscar em outras pessoas e em outros lugares.

Fique atento(a)!

Educar é liderar, conduzir e guiar, sabendo exatamente aonde se quer chegar.

1.3 CONHECENDO O PASSADO PARA ENTENDER O PRESENTE E TRANSFORMAR O FUTURO: NOSSO PONTO DE VISTA SOBRE A HISTÓRIA DA INFÂNCIA NO BRASIL

Quando conversamos com pais e mães, muitos nos fazem a mesma pergunta: onde foi que os limites se perderam?

Em nossa palestra Consciência para Pais, um dos nossos tópicos chama-se "A História da infância no Brasil". E, para falarmos sobre isso, é fundamental que seja mencionada a DECLARAÇÃO DOS DIREITOS DAS CRIANÇAS.

Se você compreender esse caminho, terá muitas respostas sobre nossa sociedade.

Até a década de 60, as crianças, em sua maioria, eram vistas como mão de obra de baixo custo, não tinham voz e nem vez, não eram assistidas e, muitas vezes, ficavam desprotegidas.

Por essa razão, a ONU criou em 1959 a Declaração Universal dos Direitos das Crianças, a fim de conscientizar as pessoas, as famílias e as instituições dos direitos básicos de uma criança.

Hoje quando a lemos, parece óbvia. Contudo, o óbvio somente é óbvio depois de ser compreendido!

A declaração dos Direitos da Criança está organizada em 10 princípios, que são:

1. Todas as crianças, independentemente de sua classe social, cor, etnia, religião, sexo ou nacionalidade, têm direitos a serem garantidos;

2. Todas as crianças devem ser protegidas, de modo que o desenvolvimento físico, mental, social, espiritual, moral, afetivo e social seja oportunizado, garantindo liberdade e dignidade;

3. Todas as crianças têm direito a ter um nome e uma nacionalidade;

4. Todas as crianças têm direito à alimentação, recreação e atendimento médico;

5. As crianças portadoras de alguma deficiência têm o direito à educação e cuidados especiais;

6. Todas as crianças têm direito ao amor e à compreensão dos pais;

7. Todas as crianças têm direito à educação;

8. Em situações de perigo ou emergência, crianças têm direito a atendimento e socorro prioritário;

9. Todas as crianças devem ser protegidas contra exploração, maus tratos, negligência ou crueldade, de forma que possam brincar, desenvolver-se e estudar;

10. Todas as crianças devem ser protegidas contra a discriminação, seja ela racial, social, religiosa, etc. Devem crescer em um ambiente de tolerância e respeito.

Por incrível que pareça, esses direitos, que hoje parecem tão simples, na época eram negligenciados. A transformação foi lenta e, só a partir das décadas de 70 e 80, essas mudanças começaram a ser percebidas. A partir desse momento, as crianças passaram a ser reconhecidas, recebendo mais atenção, cuidados e educação por parte das famílias.

Em 1988, o Brasil incluiu em sua Constituição um artigo específico sobre os direitos das crianças:

> É dever da família, da sociedade e do Estado assegurar à criança e ao adolescente, com absoluta prioridade, o direito à vida, à saúde, à alimentação, à educação, ao lazer, à profissionalização, à cultura, à dignidade, ao respeito, à liberdade e à convivência familiar e comunitária, além de colocá-los a salvo de toda forma de negligência, discriminação, exploração, violência, crueldade e opressão. (Brasil, 1988, Art 227)

Em julho de 1990 foi criado o ECA – Estatuto da Criança e do Adolescente, a fim de garantir legalmente a proteção integral da criança e de combater, de uma forma mais rígida, aqueles que ignoravam o direito da criança, como nos casos de abuso do trabalho infantil.

No entanto, houve uma distorção na interpretação do estatuto — radicalizando, ou seja, indo para o outro extremo, criando uma realidade da criança como ser intocável e colocando-a em uma posição inadequada com relação às suas capacidades. Na maior parte das vezes, apenas por não buscar a informação de forma concreta e ficar dando ouvidos apenas a falácias, sem base alguma.

Esse foi um momento em que muitos pais perderam sua autoridade!

Por falta de conhecimento, muitos passaram a acreditar, nesse momento, que estavam sendo proibidos pela lei de educar e corrigir os seus filhos.

Na realidade, segundo a Lei nº 13.058, de 2014, escrita no Código civil brasileiro:

> Compete a ambos os pais, qualquer que seja a sua situação conjugal, o pleno exercício do poder familiar, que consiste em, quanto aos filhos:
>
> **I** - dirigir-lhes a criação e educação;
>
> **IX** - exigir que lhes prestem obediência, respeito e os serviços próprios de sua idade e condição. (Brasil, 2014, Código Civil, Art. 1.634)

Essa falta de informação gerou uma inversão de papéis e abalou as estruturas das famílias e da sociedade, começando a se manifestar dentro da escola.

Alguns pais, mal informados, passaram a terceirizar a responsabilidade sobre os seus filhos, colocando muitas vezes essa carga indevidamente sobre a escola.

A escola é a instituição que deveria escolarizar e não se responsabilizar pela base da educação. Essa base deve ser construída em casa, como os valores, os princípios, as boas maneiras, "por favor", "por gentileza", "obrigado(a)", "com licença", e por aí vai.

Crianças que não respeitam seus pais não alimentam o valor de respeitar seus mestres. Sem essa base bem estabelecida, infelizmente, é comum observarmos crianças que criticam seus pais, fazem exigências e têm dificuldades em seguir regras.

Crianças que, quando recebem uma ordem, simplesmente reagem dizendo "eu não vou fazer", ou simplesmente ignoram, como se não tivessem ouvido o comando. Crianças que se colocam como o centro do mundo. Crianças que não respeitam os limites.

Esse é o nosso ponto de vista sobre a mudança comportamental que a infância teve no Brasil. É importante que se compreenda que cada ação tem a sua consequência.

Por isso, hoje estamos colhendo os frutos desse comportamento de omissão e negligência com relação à criação dos filhos, que os pais alimentaram desde meados da década de 90.

Essa é uma batalha contra o tempo. Se não fizermos nada para mudar esse caminho, para transformar essa realidade, a tendência é que ela fique cada vez pior.

Pense e responda para você com sinceridade:

- Que tipo de pai ou mãe você está sendo?

- Você é do tipo que compreende a sua responsabilidade de cuidar, educar, proteger, **ensinar, dar limites e ensinar o valor do trabalho**? Ou você está inserido no grupo da terceirização?

- Você é aquele pai ou aquela mãe que ordena que seus filhos lavem a louça e se compromete com a execução dessa tarefa, ou você é aquele tipo que diz "faça isso" e, se o filho não faz, você, para evitar brigas e discussões, vai lá e faz?

Lembre que criar um filho hoje é um gesto de amor e responsabilidade com o futuro.

1.4 FILHOS: BENÇÃOS OU FARDOS?

Você, alguma vez na vida, já parou para pensar na resposta a essa pergunta?

Quando estávamos construindo o Treinamento Formando Pais, conversávamos sobre esse assunto e Willian contou que um dia foi questionado sobre o que ele achava sobre ter filhos nos dias de hoje.

Segue a resposta:

"Penso que minha resposta foi muito objetiva, contudo traduziu exatamente o meu formato de pensamento. Respondi que se fosse para ter esse filho como um presente em minha vida, seria ótimo. Contudo, se fosse para ter esse filho como um fardo em minha vida, seria péssimo. E quando respondi isso estava descartando qualquer tipo de ligação com minha vida financeira, pois penso que isso não tem a ver com condições e, sim, com visão. Em minha experiência como treinador, percebo o quanto as pessoas transformam essa experiência em algo negativo em suas vidas, principalmente no longo prazo."

Em uma palestra, o experiente pediatra José Martins Filho mencionou uma pesquisa realizada por uma pesquisadora chamada Juliana Blume, pela universidade do Texas, contemplando 22 países, falando sobre o nível de felicidade das pessoas. A pergunta da pesquisa era se as pessoas eram mais felizes com ou sem filhos.

Do resultado dos 22 países, em 14 os entrevistados disseram que eram mais felizes antes de ter os filhos; em 4, ficaram na dúvida; e apenas em 4 países as pessoas responderam que eram mais felizes após terem filhos.

Infelizmente, todos os dias percebemos casais se separando, relacionamentos se apagando, tudo isso devido a um impacto gerado pela chegada dos filhos. Impactando não somente a rotina do casal, mas também a vida financeira, as atividades sociais, o relacionamento íntimo...

Vamos citar alguns exemplos para vocês terem noção:

Já vimos casais que adaptam a hora de ir dormir do casal com base no relógio biológico da criança.

Já vimos casais com condições financeiras bem humildes se endividando por mais de um ano para realizar uma festa de primeiro aninho — sendo que a criança não tem capacidade de aproveitar essa festa (inclusive, a maior parte das crianças se sente incomodada com os rituais de uma festa de primeiro aninho, como sessão de fotos, acúmulo de pessoas desconhecidas ao seu redor e até mesmo o canto de “parabéns para você”). Muitas vezes, a festa é um desejo dos pais, ou até mesmo uma necessidade cultural, mas algo desnecessário para a criança.

Contudo, queremos deixar claro que não temos nada contra a festa, mas, sim, contra a família se endividar para fazer isso, abrindo mão, talvez, de algo que beneficiaria a família como um todo. E, principalmente quando a festa é feita como se fosse uma obrigação para provar o amor da família à criança, o que nós queremos que você perceba é que, se pegássemos apenas uma vela, a colocássemos dentro de um prato acendida e cantássemos alegremente parabéns, a satisfação da criança seria a mesma, pois a criança não é impactada pela festa em si, mas pelas pessoas, experiências e emoções que aquele momento traz.

Já vimos pais que terceirizam a responsabilidade das suas escolhas aos seus filhos, como:

— Filho, o que nós vamos comer no almoço?

— Filha, para onde nós vamos nesse final de semana?

Quando na realidade essa criança não tem ainda a capacidade de escolher o que é melhor para ela.

Sendo assim, quanto menos essa criança afetar a vida do casal ou da família, melhor é, pois as prioridades são invertidas, por falta de consciência.

Quando uma criança nasce, a maioria das famílias colocam as crianças como prioridade; entretanto, pensamos que a prioridade número um deveria ser o casal, a prioridade número dois a família, para só então, em terceiro lugar, a criança.

O que percebemos é que essa inversão, com o tempo, acaba prejudicando a criança, pois os pais podem acabar se separando, a família se desfazendo e a criança perdendo sua base.

Tudo isso que foi dito nos exemplos citados refere-se aos casos de uma estrutura familiar mais convencional. Apesar de sabermos que existem diferentes estruturas familiares nos dias de hoje, queremos destacar que, independentemente da configuração familiar, são os criadores os responsáveis por ensinar os filhos a participar da vida da família, a contribuir, somar e crescer juntos. São também os criadores que, por falta de conhecimento específico e preparação, acabam transformando o processo de criação dos filhos num problema, ou seja, num fardo.

Mesmo nos casos em que as crianças são criadas desde o nascimento por apenas um dos seus pais, é importante que esse adulto compreenda que aquela criança faz parte da sua vida e que tem o seu espaço de criança, no qual esse criador deve conduzir sua vida da melhor forma possível, sem que ela seja vista como um fardo, já que ela não pode ser responsabilizada pelas escolhas que antecederam sua chegada ao mundo.

Para ajudar essa criança, a prioridade é ajudar a si próprio primeiro, pois alguém só é capaz de ajudar uma criança se estiver em condições para isso. Quando uma pessoa esquece de si para cuidar dos seus filhos, com o tempo, acaba não cuidando nem de um, nem de outro.

Queremos deixar claro que não estamos discutindo certo ou errado, mas, sim, um ponto de vista e convidamos você a refletir sobre esse tema, tirando as aprendizagens para a sua realidade.

O resultado que você deseja na criação dos filhos depende da sua vontade em aprender o que você ainda não sabe.

Assista a esse vídeo que pode ajudar você a compreender ainda mais o conteúdo que abordamos nesse capítulo.

Aponte a câmera do seu celular para o QR CODE, acesse o link abaixo e assista o vídeo.

www.formandopais.com/bencaosoufardos

Se você julgar interessante para seu momento de vida, também nesse código você terá acesso a um link promocional para ter acesso a uma assinatura do Formando Pais com o menor custo.

Esse é um presente por você ter acreditado em nosso trabalho e ter começado a ler seu livro. Isso nos mostra que você realmente deseja ser uma mãe ou um pai melhor.

CAPÍTULO 2

COMO EDUCAR DE FORMA ASSERTIVA E SEM MEDO: PRINCÍPIOS BÁSICOS PARA A CRIAÇÃO DOS FILHOS

2.1 TODA AÇÃO É UM GESTO DE AMOR

O amor é o sentimento que mais tem a capacidade de explicar o processo de educar crianças e jovens. Podemos, inclusive, afirmar que a educação dos filhos é um ato de amor incondicional de seus pais. Inicialmente essa afirmação parece simples e fácil, já que o amor entre pais e filhos é algo natural.

Contudo, vamos ampliar essa compreensão sobre o amor como sentimento genuíno, ou seja, aquele que é puro, original, que existe de forma natural, independentemente de situações externas ou da retribuição das outras pessoas: é o amor de pai e mãe, que deseja o melhor para seu filho e que ele seja feliz.

O significado que estamos falando aqui é o de amor responsável e comprometido com a construção da autonomia e da felicidade dos filhos. Para isso, ele tem por base o respeito.

Muitos pais, hoje, preocupam-se mais em ter o amor dos seus filhos do que em ter o respeito deles. É importante destacar que amor entre pais e filhos é algo natural de acontecer, faz parte do amor genuíno. Contudo, respeito é algo que precisa ser ensinado e que está diretamente ligado à admiração, à valorização e ao amor. Se os pais não ensinarem isso aos seus filhos, como consequência, não serão nem amados e nem respeitados.

Sabemos que é com as melhores intenções em promover a felicidade dos filhos e por desejarem seu amor que muitos pais e mães cometem alguns equívocos, confundindo amor com a plena satisfação de todas as suas necessidades e vontades. Acabam dando aos filhos muitas coisas que eles não tiveram quando criança, ou, ainda, na intenção de protegê-los dos desafios, fazem por eles coisas que eles já teriam capacidade para fazer. Com isso, os filhos crescem sem aprender alguns valores importantes para o convívio social, como respeito, gratidão, persistência, resiliência...

Cabe nesse momento destacar que pais e filhos não são iguais, ou seja, têm papéis bem diferentes. São os pais que devem conduzir os filhos, decidindo o que é melhor para eles. As crianças não possuem a maturidade para decidir o que é melhor para elas ou determinar como serão as coisas na sua família. Os pais têm o DEVER de educar seus filhos, para que estes se tornem pessoas autônomas, educadas e, consequentemente, felizes.

Por isso, como já disse o famoso educador e psiquiatra Içami Tiba: "Quem ama, educa!". Você, como pai ou mãe que ama seus filhos, precisa tomar consciência que é sua obrigação EDUCAR.

Com essa consciência, você sentirá total segurança para conduzir o processo de educação dos seus filhos, sabendo que todas as suas ações são gestos de amor. E você vai poder explicar isso aos seus filhos sempre que necessário, dizendo com convicção:

— Porque eu o(a) amo, eu lhe ensino regras para que você aprenda o que pode ou não fazer e respeite o espaço dos outros;

— Porque eu o(a) amo, eu lhe digo "**não**" toda vez que for necessário e o(a) ensino a lidar com a frustração, o que faz parte das aprendizagens para sua maturidade;

— Porque eu o(a) amo, eu o(a) ensino a fazer tarefas em casa, para que você aprenda o valor do trabalho, preparando-o(a) para a vida;

— Porque eu o(a) amo, eu não lhe dou todos os presentes que deseja, pois sei que precisa aprender que nem tudo que você quer você realmente precisa;

— Porque eu o(a) amo, não faço por você aquilo que já pode fazer, para que não se acostume a receber tudo de "mão beijada" e aprenda o valor do esforço para conquistar seus objetivos;

— Porque eu o(a) amo, eu faço você assumir quando comete erros, faço você consertar o que quebrou, limpar o que sujou, para que você aprenda a ter responsabilidade por suas ações;

— Porque eu o(a) amo, eu controlo com quem anda, para que tenha relacionamentos saudáveis e construtivos;

— Porque eu o(a) amo, eu o(a) busco no final de uma festa e não permito que frequente lugares que não considero apropriados para sua idade;

— Porque eu o(a) amo, eu procuro saber o que acessa na internet e o(a) oriento sobre todas as situações de risco que podem acontecer, para que aprenda a preservar sua imagem e integridade;

— Porque eu o(a) amo, tenho consciência das minhas responsabilidades e não cedo a chantagens, choros, birras e pressão, para que você aprenda quem está na condução da situação e aprenda a respeitar minha autoridade de educador(a).

Enfim, pais que amam escolhem o amor como base para suas ações, educando seus filhos para que se tornem pessoas que saibam amar e respeitar a si mesmos, aos outros, a família, o trabalho e a vida... Assim, estarão educando pessoas capazes de conquistar a liberdade e a felicidade.

O amor que é verdadeiro e responsável não tem medo de educar.

2.2 SEJA EXEMPLO

Infelizmente estamos cansados de ver pais que falam, falam... mas cujas ações não condizem com suas instruções.

Existe uma frase que ilustra muito bem a filosofia do Formando Pais, que é:

"As palavras movem, o exemplo arrasta."

Segue o relato de uma situação familiar, vivenciada por Willian, que exemplificará essa frase na vida cotidiana:

Em determinado dia recebi um chamado de uma mãe com a queixa de que seu filho estava bebendo e ela se mostrava desesperada com essa situação. Percebendo a aflição dessa mãe, resolvi atender esse menino de forma individual. Após duas sessões estava com a situação resolvida. O menino já não bebia mais e as deficiências que o levavam a beber estavam sanadas.

Passado um mês do término dos atendimentos, fui convidado para almoçar na casa dessa família. Chegando lá, fui recepcionado de uma forma excelente e a mãe do menino veio com uma caneca cheia de caipirinha (bebida alcoólica) para me oferecer. Questionei o que era aquilo e ela me disse que era só um aperitivo. Na mesma hora lhe questionei se esse era o exemplo que ela queria dar a seu filho.

Infelizmente, casos como esse são mais comuns do que se imagina. Pais que dizem para seus filhos não fumarem e fumam. Pais que dizem para seus filhos não usarem drogas, mas que já utilizaram ou usam escondidos. Pais que dizem para os filhos se alimentarem de forma saudável e bebem refrigerante. Pais que dizem para seus filhos falarem sempre a verdade, mas que no dia a dia mentem.

Seus filhos são exatamente o reflexo do que você transparece para eles. Não o que você fala, mas sim o que eles interpretam sobre você. Por isso, costumamos orientar que os pais poupem suas palavras e invistam mais tempo em policiar as suas atitudes.

Seus filhos vão analisar cada passo que você der — esses passos serão como uma bússola para eles. As crianças aprendem muito mais observando você do que ouvindo as suas palavras. Portanto, o primeiro passo para educar bem seus filhos é a autoeducação, isto é, educar a si mesmo.

Não por acaso, depois de uma certa idade, mais especificamente a partir dos sete anos (também conhecida como a idade da razão), muitas crianças perdem a admiração por seus pais, pois passam a desenvolver pensamento crítico, analisar, racionalizar e começam a perceber mais as incoerências nas atitudes de seus pais.

Até os seis anos o pai é visto como um "super-herói", de capa e tudo. A mãe é a "mulher-maravilha", com todos os superpoderes.

Contudo, se as atitudes dos pais não forem coerentes e dignas de admiração, os filhos começam a perceber neles seus comportamentos indesejados. E começam, muitas vezes, a reagir com críticas diretas, enfrentamento ou até chantagem para levar alguma vantagem. É nesse momento que o "super-herói perde a capa"!

É justamente para evitar que isso aconteça, para ajudar você a continuar sendo exemplo aos seus filhos, que nós criamos o Formando Pais. Queremos que você tenha todas as ferramentas necessárias para realizar as mudanças comportamentais que deseja na sua vida e na vida dos seus filhos.

Se lhe perguntássemos agora:

— Você gostaria que seu filho ou sua filha fosse EXATAMENTE como você é?

PRESTE ATENÇÃO na palavra "exatamente". Não é que ele seja parecido, que tenha as suas qualidades. É se você gostaria que seu filho tivesse todos os seus comportamentos, sejam positivos ou indesejados.

Qual seria a sua resposta, honestamente?

Dê uma pausa na leitura para refletir por no mínimo 3 minutos.

Após você ter pensado sobre essa resposta, queremos lhe mostrar a grande oportunidade que essa reflexão está trazendo neste momento.

Perceba:

Se sua resposta foi "sim", esta leitura vai fortalecer a sua convicção e perceberá que está no rumo certo da felicidade e da realização na criação dos filhos. Servirá como um guia para superar qualquer desafio que possa surgir e lhe ajudará a agir com assertividade.

Se sua resposta foi "não" ou "não exatamente" ou "apenas em parte", esta leitura vai lhe dar a oportunidade de mudar totalmente o rumo desta história. Vai capacitar você para fazer todas as transformações que desejar, para se tornar um pai ou uma mãe melhor, que os filhos admirem, respeitem e queiram seguir como exemplo.

As palavras movem, o exemplo arrasta!

ATENÇÃO!

Talvez você esteja lendo este livro só por ler, ou talvez você esteja lendo este livro porque está em busca de ferramentas para lidar com seus filhos.

Quem sabe você pode estar lendo esse livro porque está enfrentando situações desafiadoras e não está sabendo o que fazer para solucioná-las da melhor forma...

Pode ser que você esteja passando por momentos de incerteza.

Sendo assim, este é um prêmio para você.

Escreva um e-mail ou nos envie uma mensagem no WhatsApp relatando sua dificuldade para que possamos ajudar você de forma personalizada.

E-mail: ajudalivro@formandopais.com

WhatsApp: (53) 98402-9821

Este é um presente para você!

2.3 O PLANTIO É OPCIONAL, MAS A COLHEITA É OBRIGATÓRIA!

Existe uma lei natural na agricultura: para colher é preciso plantar. E, para o sucesso dessa colheita, muitos fatores estão envolvidos. O ponto de partida é a escolha de qual produto agrícola se quer colher, para poder selecionar as sementes de boa qualidade. O próximo passo é preparar o solo com os nutrientes necessários.

Depois da preparação inicial, é chegada a hora de plantar as sementes. Para o cultivo são necessários alguns cuidados, como regar, adubar, afastar as ervas daninhas e os animais invasores. Em algumas plantas também são feitas podas e raleios, para que elas possam crescer e se desenvolver. Todo esse processo cuidadoso, feito pelo agricultor, é fundamental para garantir que se tenha uma excelente colheita.

Contudo, as plantas ainda estão sujeitas às ações da natureza, como tempestades e enxurradas, as quais podem causar prejuízos na sua trajetória: algumas sementes não germinam e é necessário novo plantio, ou seja, recomeçar o processo.

O sucesso de uma colheita, embora hoje existam muitos avanços tecnológicos e variadas técnicas, dependerá do conhecimento e do olhar atento do agricultor dedicado e vigilante.

A lei do plantio e colheita acontece também na educação. Educar crianças pode ser comparado ao ato de cultivar e cuidar adequadamente das plantas para que cresçam, desenvolvam-se e produzam frutos.

Você que é pai ou mãe, já parou para pensar e definir quais os frutos que deseja colher com a educação dos seus filhos? Que filhos você quer? Quais valores, princípios e comportamentos você quer que façam parte da vida dos seus filhos? Esse é o ponto de partida de todo processo educativo, pois dessa definição é que serão feitas todas as demais escolhas das suas ações.

Por exemplo, se uma criança desde bebê tem todas as suas vontades atendidas prontamente e escolhe sempre o que quer, torna-se uma pessoa que não sabe esperar, aprende que ela pode fazer o que quiser e que as outras pessoas têm obrigação de lhe atender. Quando sua vontade não é atendida, grita, esperneia e exige a qualquer custo que seus desejos sejam atendidos, como se fossem direitos. E, assim, formam-se crianças e jovens que não sabem conviver em comunidade, que não respeitam as regras, nem o espaço dos outros; não toleram frustrações e acabam sendo insatisfeitos e infelizes.

Todos os dias os pais lançam sementes na mente e no coração dos seus filhos através das suas ações, dos seus comportamentos e valores. Portanto, torna-se imprescindível tomar consciência de quais sementes estão sendo semeadas, pois serão exatamente essas que germinarão. Da mesma forma que o agricultor sabe que não é possível plantar feijão e colher milho, os pais não podem plantar sementes de desrespeito, intolerância, ingratidão e quererem colher filhos respeitosos, tolerantes e gratos.

Ao longo desse processo de cultivo, na educação das crianças, é vital regar e adubar as sementes. Isso significa dar os nutrientes necessários ao seu crescimento, que compreendem desde o cuidado com a alimentação, a higiene e a saúde, como também o ensino dos valores, a educação de qualidade, a oportunidade de brincar, fazer uma atividade física ou praticar um esporte, desenvolver o hábito da leitura. Ainda, faz parte desse cuidado fortalecer uma identidade positiva, uma boa autoestima, com reconhecimento, elogios dos progressos e fortalecimento das suas características positivas.

No entanto, para garantir que as crianças se desenvolvam fortes, assim como as plantas, não basta apenas dar-lhes nutrientes. É necessário também exercer a autoridade de educador e fazer as podas necessárias, protegê-las de perigos enquanto ainda não têm autonomia para fazerem isso sozinhas.

Você como pai ou mãe precisa compreender que seus filhos estão expostos a muitas influências externas, como o meio social, através dos amigos e, hoje de forma muito intensa, através das redes sociais. Faz parte das suas responsabilidades estabelecer os limites necessários, proteger e cuidar da integridade de seus filhos.

Educar exige saber dizer não, controlar com quem seus filhos se relacionam, o que estão acessando na internet, o que fazem, onde estão e com quem estão. É o olhar atento e cuidadoso sobre suas sementes!

Lembre-se de que o sucesso da colheita na educação dos seus filhos dependerá das escolhas das sementes que você está plantando **hoje**. Algumas sementes germinam rápido, outras demoram um pouco mais. **Paciência, persistência** e **confiança** fazem parte desse processo.

Se em algum momento da sua trajetória lhe faltar recursos sobre os cuidados que cada semente precisa em determinada fase, vista-se de humildade e vá em busca de novos conhecimentos, assim como você está fazendo agora lendo este livro.

Lembre: quem sabe o que planta não teme a colheita!

2.4 NÃO EXISTE CERTO OU ERRADO, EXISTEM APENAS RESULTADOS

Todo pai ou mãe já foi filho antes. Nessa trajetória da vida, talvez você já tenha analisado algumas atitudes que seus pais tiveram ao longo da sua infância ou juventude e tenha julgado como certo ou errado.

Um dos princípios básicos para educar seus filhos ou compreender seus pais ou educadores é: "Não existe certo ou errado, existem apenas resultados". Isso significa a compreensão de que todo pai ou toda mãe faz o melhor que pode considerando o contexto e os recursos que têm disponíveis no momento. E, se o que faz não é o melhor, é porque não tem recursos internos para realizar essa tarefa.

Certo e errado são conceitos relativos. Dependem do contexto em que acontecem os fatos, dos valores pessoais, familiares, culturais e da interpretação que cada pessoa atribui aos acontecimentos.

Para ajudar nessa compreensão, alguns exemplos tornam-se importantes. Comecemos pelo uso do palavrão. Conhecemos uma família na qual o uso do palavrão faz parte da linguagem natural de todas as pessoas e é visto como uma forma de manifestação ou desabafo. E, nesse contexto, nenhum dos membros considera que seu uso possa ser desrespeitoso e isso está coerente com seus valores familiares. Já, numa outra família, falar palavrão é considerado errado e existe o julgamento de que é um desrespeito aos valores e às regras familiares e seu uso é reprimido. Qual das famílias está certa?

A resposta que veio à sua mente foi exatamente a que corresponde com a sua opinião sobre o uso dos palavrões. Se você considerar falar palavrão algo errado, sua resposta é que a família do segundo exemplo está certa; se for o contrário, sua resposta será que a família do primeiro exemplo está certa. Nesse momento é importante você compreender que, antes de julgar se é certo ou errado, é necessário responder às seguintes perguntas: É certo ou errado para quem? Na opinião de quem está certo ou errado? Partindo dessa concepção, podemos dizer que as duas famílias estão certas, coerentes com seus valores e regras. Dessa forma, suas ações irão produzir resultados e não apenas acertos ou erros.

Ainda, ao analisar esse exemplo, é importante falar sobre o impacto psicológico na vida das crianças, pois acreditamos que é necessário dizer à criança que ela pode usar o palavrão como forma de desabafo ou para extravasar quando sentir necessidade, desde que o palavrão não ofenda nem agrida ninguém e que não seja em demasia.

Outro exemplo que nos auxilia nessa compreensão são os gritos. Alguns pais dizem aos seus filhos que devem evitar gritos, que devem sempre falar em tom baixo e que gritar é errado.

Agora imaginem a seguinte situação: a criança está brincando na praça, seus pais estão sentados num banco conversando concentrados. Depois de algum tempo, se aproxima dessa criança um desconhecido e começa a conversar com ela, coagindo-a a seguir com ele. Qual recurso mais rápido essa criança pode utilizar para chamar seus pais? Com certeza, o grito vai ser seu primeiro socorro.

A pergunta que deve ser feita nesse caso é: quando gritar está certo ou errado? Quando estiver à mesa, durante uma refeição, com a família, há necessidade de gritar? Se estiver num estádio de futebol, assistindo ao seu time jogar, gritar faz parte? Se estiver num momento de comemoração e vitória? Se estiver numa situação de risco ou perigo? Todas essas respostas serão de acordo com a situação vivenciada e com a interpretação que cada pessoa vai dar em diferentes momentos. É importante que os pais compreendam que gritar também pode ser uma forma de expressão necessária para que uma criança não fique reprimida.

Temos outro exemplo que ilustra essa situação. Talvez você já tenha ouvido ou falado a seguinte frase: "Não seja egoísta, divida suas coisas com os outros". Imaginem essa frase dita para uma criança toda vez que ela está brincando com outras crianças. O que é certo afirmar? É certo ou errado dividir seus brinquedos?

Vamos analisar dois casos:

No primeiro, uma criança está brincando com sua boneca preferida e chega sua amiguinha para brincar com ela. As duas meninas brincam no quarto onde há vários brinquedos e as mães conversam na sala próxima. Embora haja outras bonecas, a amiguinha quer brincar com a mesma boneca que a outra já estava brincando. Como a menina não lhe entrega, a amiga começa a chorar. A mãe se aproxima e ao ver que a filha não está emprestando a boneca, toma-lhe da mão e entrega à amiga, dizendo que ela tem que aprender a dividir os brinquedos.

No segundo caso, um menino está brincando com seu amiguinho. Existem diferentes brinquedos à disposição dos dois. Ao observar os meninos brincando, a mãe percebe um comportamento que se repete: o menino está brincando com um carrinho e seu amigo prefere brincar com os bonecos de super-herói. No mesmo momento, ele solta o carrinho e pega o boneco que o amigo queria brincar. O amigo solta o boneco contrariado e pega um robô. Da mesma forma, o menino vai lá e quer também o robô, não querendo que seu amigo brinque. A atitude da mãe nessa situação foi de conversar com seu filho, explicando que ele deveria dividir os brinquedos com o amigo, já que havia mais de um brinquedo e ele não poderia brincar com todos.

Qual dos casos está mais certo ou errado? Na verdade, nenhum dos dois está mais certo ou errado que outro. O que temos que compreender é o resultado que vai ser produzido a partir de cada ação. No primeiro caso, talvez o resultado que vai ser gerado naquela criança seja o de abrir mão da sua vontade para atender à vontade dos outros. Já no segundo caso, o resultado produzido pode ser de que os outros não têm que fazer o que eu quero.

Portanto, quando se trata de educação de crianças, mais

que preocupar-se com o que é certo ou errado, é importante entender que todas as ações produzem resultados.

Os pais e educadores devem pensar quais resultados querem com suas ações. E, se suas ações não estiverem coerentes com seus propósitos, avalie-se, reflita e mude suas atitudes. O que é certo ou errado para você e sua família deve ser livre de julgamento e da opinião dos outros, pois cada família tem sua história, seus valores, seus princípios, sua realidade, suas regras e suas escolhas.

Partindo dessa nova concepção, de que não existe certo ou errado e, sim, os resultados e os significados que cada pessoa atribui, vamos ampliar um pouco mais a visão sobre esse assunto.

Considerando que você como pai ou mãe classifique algumas das suas ações ou de seus filhos como certas ou erradas, é fundamental a compreensão dos erros como lições, possibilidades de crescimento e de aprendizagem.

Se cada ação for tratada como parte de um processo educativo, quando seu filho fizer alguma coisa e você considerar como um erro, a pergunta que deve ser feita a ele é: o que você pode aprender com isso?

Se uma criança faz algo que é considerado como um "erro" e é censurada ou criticada, sem que seja dada a ela a possibilidade de aprender, de refletir para progredir, serão alimentados comportamentos como o medo de errar, a insegurança para agir, a vergonha, a omissão, a culpa e o sofrimento.

No entanto, se os pais encorajarem seus filhos e verem todas suas ações como lições, como possibilidades incríveis para aprender e fazer descobertas, serão alimentados comportamentos como autoconfiança, coragem, criatividade, persistência e aceitação, que são alicerces para um bom desenvolvimento infantil. Assim, teremos adultos que assumem os seus erros e não ficam negando ou terceirizando-os.

OBSERVAÇÃO IMPORTANTE:

Além de desenvolver essa visão nos filhos, também é importante que os pais troquem seu formato de perceber as atitudes indesejadas de seus filhos — principalmente se eles forem menores de 8 anos, pois essa é a fase da estruturação do caráter de uma criança.

Sendo assim, atitudes indesejadas passam a ser "**oportunidades de ouro**" para que os pais possam ensinar valores para seus filhos. Com esse entendimento, os pais deveriam agradecer a chance de construir seres humanos melhores, na prática.

Sabemos e entendemos que isso não é algo simples de se enxergar, pois somos seres emocionais, ou seja, quando os filhos "erram", acabamos nos irritando e até ficando chateados com suas ações. Mas nós garantimos que, quando você muda seu modo de ver essas ações, você tem um ganho enorme no seu relacionamento familiar e evita muitos conflitos em seu lar.

Vamos lhe dar dois exemplos verdadeiros vividos por nós.

1º Exemplo: Willian

Quando eu era uma criança, meu pai deixava montinhos de moedas sobre os móveis da casa, como na estante, na mesa, espalhados pela casa, a fim de me dar uma aprendizagem.

Em determinado dia, eu queria ir ao mercado que ficava do outro lado da rua para comprar alguma coisa diferente para comer. Porém, não tinha dinheiro e, sem ver mal algum, peguei as moedinhas e fui satisfazer minha vontade.

À noite, quando ele percebeu a falta de um montinho de moedas, foi sua grande oportunidade.

Meu pai me sentou no colo dele e me disse as seguintes palavras, que jamais vou esquecer:

— Filho, foi você que pegou as moedas de cima da estante?

Afirmei sorrindo:

— Sim, pai! Fui ao mercado comprar uma coisa para comer.

Meu pai me questionou:

— E você pediu para quem, para pegar as moedas?

— Para ninguém — respondi com os olhos marejados, já esperando um "xingão" por minha atitude.

Contudo, meu pai com toda a sua simplicidade e ignorância, devido à falta de conhecimento, conduziu aquela situação sabiamente, gerando uma das aprendizagens mais importantes da minha vida.

Me olhando nos olhos, ele disse:

Primeira aprendizagem:

— Filho, por mais que as moedas estejam jogadas, soltas dentro de casa, elas não são suas. Elas são fruto do trabalho do pai e da mãe e você não pode pegar o que não é seu.

Eu argumentei:

— Mas elas estavam ali há muito tempo, paradas!

Segunda aprendizagem:

— Não importa o tempo e o lugar, poderia ser caída embaixo da almofada do sofá ou no chão atrás da estante, se não é sua não pode pegar. A não ser para mostrar para o pai e a mãe, que são os donos das moedas.

Naquele momento, lembro-me que fiquei triste comigo, por ter feito algo "errado". Porém, mais uma vez de forma brilhante, meu pai foi perfeito em sua correção. Percebendo que fiquei triste e até mesmo envergonhado, ele disse:

— Não fique triste, o pai está orgulhoso de você, por ter assumido sua ação. Somente um homem de verdade assume seus erros. Você pegou as moedas por não saber. Da próxima vez que vir moedas soltas pela casa, sei que não irá se repetir.

Aprendi também nessa correção que o que era dos meus

pais não era meu e que, se eu quisesse um dia ter alguma coisa, eu teria que fazer por mim.

Sou grato por essa aprendizagem até hoje.

Quantas vezes vejo filhos acompanhando seus pais em um supermercado e comprando tudo o que desejam, como se o dinheiro fosse deles, porque não entendem a origem do dinheiro (esforço dos pais). Não respeitam esse limite, pois pensam que a condição dos pais é a sua, porém não trabalharam nenhum dia.

Dessa forma, alguns pais criam filhos que se tornam herdeiros que apenas usufruem do que os pais construíram ao longo da vida.

Acreditamos e defendemos que pais preparados e com consciência devem criar filhos que sabem lutar por seus objetivos na vida, valorizando o que seus pais construíram, mas buscando suas próprias conquistas.

ATENÇÃO:

Se algum dia você ficar se questionando, com dúvida se você está colocando limites demais ou está sendo muito exigente e rígido(a) com seus filhos, lembre-se dessa frase: "Erre pelo excesso!".

Se você errar pela falta de limites, o prejuízo pode ser muito maior, tanto na sua vida como pai, mãe e responsável pela formação de seus filhos, como na vida de seus filhos que não terão a base comportamental necessária para agir sem medo. Quando exigidos pela vida ou pela sociedade, não saberão se estão se comportando de forma adequada, já que não aprenderam isso de berço.

2º Exemplo: Gitânia

Já na minha trajetória como mãe, com uma jornada de trabalho durante todo o dia na escola, uma das minhas responsabilidades era aproveitar todos os momentos para educar meus filhos quando estivesse com eles. E nada melhor do que a escola da vida, a rotina do dia a dia, para passar as aprendizagens necessárias.

Um dos valores que eu trouxe da minha criação foi o valor do trabalho, desde que eu era bem pequena. Esse foi um dos primeiros valores que comecei a ensinar para meus filhos.

Uma tarefa ótima para isso foi ensiná-los a lavar a louça. Essa foi uma tarefa que me exigiu bastante paciência. Na realidade, comecei ensinando meus dois filhos a secar a louça, quando eles tinham entre 2 e 3 anos.

Eu ia lavar a louça, chamava meu filho e ficávamos conversando. Eu dava para ele potes plásticos e colheres para secar. Explicava que tinha que tirar todas as gotinhas de água. Ao final, agradecia pela colaboração e elogiava-o dizendo que ele era muito trabalhador.

O tempo foi passando e conforme ia crescendo, ele era promovido a secar outros utensílios, como garfos, canecas, pratos. Lembro como se estivesse enxergando a cena agora o dia que pôde secar as facas, pois já era muito capaz e cuidadoso.

Depois dessa fase, passamos para a fase de lavar a louça, que no começo era uma festa de bolhinhas de sabão e muita diversão por brincar com água.

Contudo, depois de um tempo, aquilo que era uma novidade passou a ser rotina e nem sempre eles queriam fazer a tarefa, ou até faziam de qualquer jeito apressadamente para irem brincar. E é aí nessas situações, que surgem para nós, pais e mães, as oportunidades de trabalhar os comportamentos e promover as aprendizagens que irão acompanhá-los por toda a vida.

Como:

— Filho, nem sempre se faz só aquilo que se tem vontade e gosta. Muitas vezes na vida, você precisa fazer o que precisa ser feito;

— Uma família é uma equipe e todos têm tarefas a cumprir todos os dias;

— Se você não fizer bem feito na primeira vez, vai ter trabalho dobrado, refazendo a mesma tarefa;

— Você precisa fazer as coisas com capricho! E capricho é passar a esponja até sair toda a sujeira do prato, é não deixar gordura nos talheres, é secar a água da pia, colocar os resíduos do ralo na lixeira...;

— Agradeça que tem louça para lavar, porque isso significa que você teve comida para se alimentar enquanto existem outras crianças que passam fome...

Uma vez, meu filho arranjou uma estratégia para burlar a regra de lavar a louça. Para não precisar lavar o prato, ele colocou uma sacola plástica envolvendo o prato e serviu a comida em cima da sacola, para que, quando terminasse de comer, colocasse a sacola no lixo e, assim, o prato estaria limpinho. Solução perfeita, não é mesmo?!

Ele fez isso um ou dois dias antes de eu descobrir, pois, como trabalhava numa escola na zona rural, durante a semana eu não estava em casa no horário do almoço. Quando chega o almoço do final de semana, ele senta à mesa e coloca uma sacola no prato dele. Pense na minha cara de surpresa!

Perguntei:

— Filho, o que significa isso?

E ele, malandramente, me respondeu:

— É para não precisar lavar o prato! Eu detesto lavar louça!

Confesso que num primeiro momento a vontade foi de brigar com ele, pelo comportamento de preguiça, mas usei a razão e a inteligência e falei com tom de espanto e preocupação:

— Filho, você sabia que, se colocar alimento quente no plástico, ele libera uma substância química que passa para os alimentos e faz muito mal à saúde?

Ele imediatamente tirou a sacola e nunca mais repetiu aquela atitude.

Aquela situação, além de me possibilitar proteger a saúde do meu filho, também me deu a oportunidade de ensinar a ele que na vida não existe isso de "dar um jeitinho", querer um "atalho mais fácil". Na vida não existem atalhos e tem coisa que o melhor jeito de fazer é o básico bem feito.

E por aí se vão várias situações do dia a dia...

E, quando digo várias situações, é porque realmente podem ser centenas de vezes que você vai ter que repetir, relembrar, cobrar, ensinar...

Eu entendo que talvez você possa estar pensando que assim dá trabalho, ficar monitorando tudo o que seu filho faz.

Na minha opinião, o que dá trabalho é ver um filho mal educado, ou um filho cheio de comportamentos inadequados e despreparado para a vida, porque não teve a oportunidade de aprender a ser diferente.

Se você deseja que seus filhos sejam pessoas boas e que você possa se orgulhar das suas atitudes, comece agora a enxergar oportunidades em tudo que eles fazem. Agradeça todas as manifestações de comportamentos, pois assim você terá a oportunidade de utilizá-las para construir as aprendizagens para a vida.

A roupa jogada no banheiro serve para ensinar capricho e reponsabilidade pelas suas coisas; a bagunça do quarto serve para mostrar que essa criança ainda não aprendeu a se organizar; o material escolar ou o casaco que foi esquecido na escola serve para ensinar a cuidar e valorizar as suas coisas, que foram compradas pelos pais, através do seu trabalho; esquecer a torneira aberta ou a pasta de dente sem tampa serve para ensinar a ter atenção e a evitar desperdício...

Se você abrir a sua mente para essa forma de ensinar, com certeza, aquilo que hoje é difícil vai se tornar fácil e você vai estar educando de uma forma muito mais assertiva!

Experimente, coloque em prática e perceba os resultados que virão dessa mudança de pensamentos e atitudes!

Reflita alguns instantes e anote quais as aprendizagens que este texto lhe trouxe.

Escreva também o que você vai fazer hoje para melhorar os resultados que você tem na criação dos seus filhos.

Um dos segredos do sucesso na vida é tirar aprendizagens de tudo o que acontece.

2.5 O PASSADO JÁ PASSOU

Quando trabalhamos a evolução nas pessoas, percebemos que muitas têm dificuldade de dar o próximo passo, pois são aprisionadas ao que fizeram ou ao que não fizeram no passado e muitas vezes não se permitem ter uma realidade melhor no seu presente, pois pensam que não merecem.

Isso se chama **crença de merecimento**.

Gostamos muito de uma frase que permite que esse paradigma seja quebrado: "O passado não define você, você renasce a cada momento".

Quando falamos de criação de filhos, esse passado pode ser um dos principais motivos que levam a comportamentos indesejados.

Existem pais aceitando comportamento indesejados dos filhos com a justificativa de que, em seu tempo de criança, eles faziam muito pior — como se um comportamento inadequado justificasse outro.

Assim como existem pais que relevam os comportamentos indesejados dos filhos na fase que as pessoas chamam de adolescência, com a justificativa de que isso é um reflexo da sua infância.

Realmente pode ser possível que o comportamento inadequado na fase entre 9 e 14 anos seja reflexo de circunstâncias do início da vida. Contudo, não é porque o passado foi difícil ou ruim, ou porque aconteceram situações impactantes, que não vamos corrigir essas crianças.

Alguns pais carregam consigo a ilusão de que, com o tempo, tudo passa. Só passará se você corrigir, se você não corrigir ficará cada vez pior.

Um exemplo de situação e sentimento que levam os pais a aceitarem comportamentos inadequados dos filhos é a separação. Então dizem: "meu filho está revoltado, porque ele está carente".

O sentimento que alimenta esse padrão comportamental nos filhos é:

- 1°: Culpa dos pais em se separar, como se isso fosse um crime.

Contudo, em alguns casos, pode ser melhor um casal se separar, se não estão satisfeitos com seu relacionamento, do que ficar passando a culpa, pela sua acomodação e falta de atitude, para seus filhos — como infelizmente é muito comum de acontecer.

E falas como essa são ditas aos filhos: "Só não me separei porque tive que criar vocês". Muitas vezes, colocam o peso de sua infelicidade nas costas de uma criança, que não tem como se defender.

- 2°: Pena da criança, por não ter a presença dos pais juntos.

Pensamos que, para a formação da criança, é melhor, sim,

ter o pai e a mãe ao seu lado em tempo integral. Contudo, sabemos também que muitas vezes isso não é possível. Não apenas por uma separação, mas muitas vezes por motivos profissionais.

Pensamos que o mais importante não é a presença de ambos, mas, sim, que quem estiver com essa criança no momento cumpra a sua função de pai e mãe.

Dentro do Treinamento Formando Pais, trabalhamos um conceito diferente do convencional, quanto a dividir a responsabilidade na criação dos filhos.

Talvez você já tenha ouvido alguém afirmar que o grau de responsabilidade que um pai e uma mãe têm sobre a criação de um filho seria dividido em percentuais, sendo 50% para cada um.

Contudo, defendemos a ideia da total responsabilidade, pois acreditamos realmente que tanto o pai quanto a mãe tem **100%** de responsabilidade sobre a criação de seus filhos. Não a metade, 50%.

Ambos têm que dar o seu melhor na busca da formação do caráter, da inserção de valores, da imposição de limites, do desenvolvimento de habilidades e da transferência de conhecimento para essa criança.

Para isso, é fundamental libertar-se do passado e focar no ser humano, no momento presente, e fazer o que tem que ser feito — muitas vezes recolhendo seus sentimentos e cumprindo a sua função de pai e mãe, ou seja, educando e preparando essa criança para a vida.

Portanto, esqueça o passado e se pergunte:

— Essa ação que estou executando hoje na criação de meus filhos me dará orgulho no futuro?

— Meu filho será um grande ser humano, fruto das minhas atitudes e do meu exemplo?

Se a resposta for SIM, parabéns para você. Se for NÃO, pare agora e repita no mínimo dez vezes para você esta frase:

"O passado não me define, eu renasço a cada momento."

Reflita:

Que tipo de filho você quer deixar para este mundo?

Lembre: Pais que negligenciam a educação de seus filhos tendem a pagar por isso em sua velhice.

O filho que você planta hoje é o mesmo que você irá colher na velhice.

2.6 MENOS CULPA, MAIS RESPONSABILIDADE

Muitas vezes percebemos que alguns pais se sentem culpados por sua ausência ou pelo pouco tempo que passam com seus filhos.

Compreendemos que esses pais vivem em um conflito interno extremamente grande (com oposição de pensamentos em sua mente). Muitos vivem entre a "obrigação" de dar condições para que os filhos se desenvolvam e tenham aquilo que eles não tiveram em suas infâncias — desde objetos materiais, como brinquedos que em sua época de infância não era possível ter, tecnologias que em sua época nem existiam, roupas que acompanhem as tendências... — e também de dar condições para o desenvolvimento, como: uma boa escola, clubes de esportes, aulas de música, dança, língua estrangeira, faculdade...

Contudo, para suprir todas essas necessidades, existe um custo monetário muito elevado. Sendo assim, é necessário fazer uma escolha que, para muitos pais, é um dilema:

— Ou trabalho muito para suprir tudo isso para meus filhos e acabo não tendo o tempo de que eu gostaria para me dedicar a eles;

— Ou dedico mais tempo a eles e faço-os abrirem mão de alguns desses benefícios no seu desenvolvimento.

Em nossa opinião, os pais deveriam se preocupar mais em atender ao **básico** e ter um **tempo de qualidade** com seus filhos, pois essa aproximação, se for bem feita, irá gerar muito mais resultados positivos que qualquer outra atividade na vida de seus filhos.

Todavia, não existe certo ou errado e cada um faz o melhor que pode considerando o contexto e os recursos que têm disponíveis no momento.

Alguns pais carregam consigo crenças de incapacidade. Acreditam que sozinhos não conseguiriam conduzir seus filhos da melhor forma, por falta de ferramentas.

Entretanto, na realidade que vivemos, costumamos dizer que é muito mais valioso uma pessoa de caráter forte, de boa índole, que carregue em sua identidade princípios morais e valores humanos, do que pessoas extremamente instruídas sem essas características.

É importante ressaltar que essas características fundamentais não se adquirem nas escolas, nas faculdades e nem nas redes sociais, mas, sim, com os pais. Portanto, se você não dedicar tempo para ensinar isso aos seus filhos, quem vai ensinar?

Ensinar isso é tão ou mais difícil que ensinar um cálculo matemático, os verbos ou, até mesmo, uma profissão. Além do mais, exige tempo!

Por isso, quando perguntam o que é mais importante na

criação dos filhos, podemos resumir em três palavras: **tempo, dedicação** e **exemplo**.

Essa é uma tarefa árdua e constante, pois **não é porque você ensinou algo ontem que essa mesma lição não terá que ser ensinada hoje e, quem sabe, amanhã de novo**.

De todo modo, se você é uma pessoa muito ocupada e não tem tanto tempo para ficar com seus filhos como gostaria, uma ótima sugestão é: **Faça esse tempo valer a pena**.

Não busque ser amigo dos seus filhos, pois isso será a consequência de você ser um bom pai ou boa mãe. Se você realizar essa função de forma excelente, seus filhos irão admirar você e consequentemente serão gratos pelo papel que você desempenhou em sua formação como pessoa.

Contudo, se você abrir mão de sua real função na busca de ser "amiguinho" dos seus filhos ou, até mesmo, na busca de compensar a sua ausência, você irá criar um problema futuro para você, pois uma coisa não compensa a outra. Isso é uma ilusão. Isso apenas tornará você refém de sua própria culpa, que na realidade não deveria existir.

Sendo assim, **eduque, ensine, coloque limites, dê muito amor e carinho**.

Quanto maior a sua preparação, mais liberdade e convicção para educar!

2.7 SAIA DO PILOTO AUTOMÁTICO E SEJA LÍDER DOS SEUS FILHOS

Quando se fala em criação de filhos, aquela frase "deixa a vida me levar..." pode ser a mais desastrosa possível. Pois, a todo momento, pais e mães precisam se posicionar, decidir, fazer escolhas que mudarão para sempre a vida dos seus filhos.

No entanto, no ritmo agitado dos dias de hoje, em que muitas pessoas estão vivendo como se estivessem com o piloto automático acionado o tempo todo, o tempo de pensar e refletir tem perdido espaço para a ação imediata, o fazer de qualquer jeito, o que dá, o que for possível, o mais ou menos...

Apesar disso, todas as atitudes dos pais são escolhas, conscientes ou não. E cada escolha tem sua consequência, produz o seu resultado.

Num processo de escolha consciente, existe o exercício de pensar, ponderar, analisar, refletir sobre os prós e contras. Enfim, é algo que exige um mínimo de atenção, sendo que cada ação provoca uma reação.

Quando se trata da criação dos filhos, as decisões e escolhas devem ser feitas pelos pais, porque as crianças ainda não têm maturidade suficiente para decidir o que é melhor para elas. Esse é um processo que vai sendo ensinado e conduzido. Conforme a idade, os pais vão preparando os filhos para também fazerem suas escolhas, por exemplo: qual brinquedo vai levar para escola no "dia do brinquedo", qual livro de história vamos ler primeiro, qual roupa vai escolher **entre duas opções** de roupas já definidas pela mãe. **Perceba que não é perguntar o que a criança quer vestir, mas, sim, escolher entre duas opções já estabelecidas pela sua mãe.**

Com esses exemplos, os pais ensinam que escolher é dar prioridade para alguma coisa em relação a outra e também que é preciso ter responsabilidade na hora de fazer uma escolha.

No entanto, o que percebemos muito nos dias de hoje, na realidade de muitas famílias, são as crianças tomando decisões que deveriam ser dos pais. Crianças determinando o que irão fazer, vestir, comer, a hora de dormir, o que comprar, aonde a família irá no fim de semana...

Isso, além de ser uma inversão nos papéis dentro da família, torna-se perigoso, pois a criança cresce sem a referência da autoridade dos pais e passa a manipulá-los para obter o que deseja.

Embora essa atitude pareça algo bom para a criança no momento imediato e até cômodo para os pais, trará sérias consequências para o seu desenvolvimento, pois levará à insegurança diante dos desafios e até mesmo das escolhas que deverão ser feitas com responsabilidade no futuro.

E, ainda, se os pais acostumarem os filhos a tomarem decisões com base no resultado imediato, mesmo com as melhores das intenções, acabam desenvolvendo nos filhos o comportamento do imediatismo, que é um dos maiores causadores de pobreza na vida das pessoas no mundo.

Como você pode perceber, **EDUCAR** é algo muito sério. Todas as ações dos pais e das mães interferem diretamente na vida presente e futura de um filho.

Por exemplo:

- Quando você entrega o celular para seu filho de um ano para que ele fique distraído e você possa fazer suas coisas, sem se dar conta que aquela criança precisa de atenção, movimento, comunicação com seus pais;

- Quando seu filho lhe pede que você alcance o copo, sirva sua comida e você, para agilizar e "ganhar tempo", faz rapidamente;

- Quando você dá uma ordem para seu filho desligar a TV, o celular, sair da internet, ele não obedece e você deixa por isso mesmo para não se incomodar;

- Quando o filho faz birra no supermercado e você compra o que ele quer para evitar constrangimento;

- Quando seu filho diz: "Compra para mim esse brinquedo novo? Compra, compra, compra!". E você nem pensa que ele já tem brinquedo suficiente, e cede à insistência para se livrar logo daquela situação;

- Quando seu filho lhe pede alguma coisa e você não presta atenção, não escuta e apenas responde "sim, pode fazer".

E por aí seguem muitas situações diárias em que os pais agem sem pensar nos resultados das suas ações...

Para educar é preciso dedicar tempo, estar atento para perceber os comportamentos dos filhos, refletir sobre a intenção por trás das suas atitudes e decidir qual a forma mais assertiva e educativa de agir. Quando os pais não percebem o que está acontecendo na sua família, na forma como se relacionam e conduzem seus filhos, acabam se omitindo da sua responsabilidade e deixam de assumir o controle da situação.

Ainda existe outro ponto a ser observado: ao deixarem os filhos tomarem decisões importantes quando ainda não têm essa capacidade e os criticam pelos resultados, dizendo "eu disse", "viu só o que aconteceu", "bem feito pra você", "não era pra fazer"... desenvolvem na criança o sentimento de incapacidade, que no futuro se manifestará como indecisão — como aquelas pessoas que não tomam nenhuma atitude sem antes perguntar para as outras pessoas, têm medo de errar e têm medo do julgamento dos outros.

Portanto, embora você esteja cansado(a) (tenha preocupações com o trabalho, com a casa, seja lá com o que for), você tem um pequeno ser em desenvolvimento que depende de você!

Acorde! Saia do piloto automático! Assuma o volante desse veículo chamado família e conduza com consciência seus filhos na estrada da vida até onde eles já tenham condições de seguirem sozinhos.

Os pais e as mães precisam ser os primeiros líderes dos seus filhos e ter consciência que eles seguirão seu exemplo e não suas palavras!

ATENÇÃO!

UMA PAUSA PARA MUNIR-SE DE MAIS RECURSOS!

Se você chegou a este momento da leitura, talvez possa estar analisando a sua realidade e até pode estar pensando que, na prática, é bem desafiador sair do piloto automático e ter esse "controle da situação" quando se trata de lidar com as atitudes e os comportamentos dos seus filhos.

Para lhe ajudar, nós vamos disponibilizar a palestra: TEIMOSIA E ENFRENTAMENTO (parte 1).

Aponte a câmera do seu celular para o QR CODE, acesse o link abaixo e assista à palestra: Teimosia e enfrentamento.

www.formandopais.com/palestrateimosia1

Aproveite!

2.8 PALAVRA É PALAVRA

Você alguma vez na sua vida já ouviu uma dessas expressões: "dei minha palavra e por isso tenho que cumprir com o que disse"? Ou ainda, "fizemos um acordo de boca!", "Falei, está falado!"?

O que essas expressões significam na prática? Talvez façam parte de um tempo em que era ensinado desde a infância o valor da palavra dita, como compromisso assumido ou como verdade imutável.

Essa prática exigia pensar antes de dar a sua palavra, pois, depois da palavra lançada, a pessoa tinha consciência de que representava algo sério e não poderia voltar atrás.

Esse princípio se manifestava fortemente na criação dos filhos, pois, quando um dos pais dizia "não" para uma solicitação do filho, não adiantava este insistir para transformá-lo num "sim" porque isso não aconteceria.

Com o passar dos anos, alguns princípios básicos foram sendo deixados de lado na educação familiar. Um deles é o valor da palavra. Se os pais ora dizem uma coisa, ora dizem outra contrária, o padrão da incoerência vai se estabelecendo, deixando as decisões passarem para as crianças conforme os desejos delas.

É indispensável que os pais e educadores compreendam que as relações que se estabelecem no ambiente familiar vão funcionar como alicerce para o desenvolvimento harmonioso e equilibrado da criança ou, caso contrário, podem deixar marcas negativas.

As crianças adquirem muitos dos padrões de comportamento de seus pais, através de processos de imitação e identificação. Tudo que acontece no ambiente familiar serve de aprendizagem para os filhos, como as atitudes, os posicionamentos e o valor que os pais dão à sua palavra. Tudo isso, ao mesmo tempo, irá determinar o estilo de vida da criança.

A criança tem a necessidade de confirmações, por isso as regras e orientações devem ser bem definidas e repetidas, para que sejam internalizadas. Isso leva à segurança e facilidade nos futuros posicionamentos diante da vida.

Se não existir coerência entre o que os pais falam e fazem, se a palavra dita não é sustentada, os filhos ficam sem referências do que podem ou não fazer, aprendem a manipular os resultados, desenvolvem instabilidade e consideram natural que as palavras não tenham credibilidade.

Portanto, cabe aos pais refletirem qual valor estão dando a sua palavra. Se você não puder sustentar sua palavra, de que adianta pronunciá-la?

Defina quais objetivos você quer alcançar com seus filhos e faça com que suas palavras e ações sejam coerentes e contribuam para que você possa ensinar esta importante lição aos seus filhos:

“Palavra é palavra!”

2.9 TENHA CONVICÇÃO PARA IMPOR OS LIMITES

Quando falamos de limites, estamos falando de um dos assuntos mais complexos para os pais.

A maioria dos pais vive um grande conflito interno sobre qual é o ponto de equilíbrio quando falamos de limites.

Costumamos dizer que se você tem dúvidas sobre isso, opte sempre pelo limite. Seja exigente, cobre o capricho, a responsabilidade, o respeito e cobre que façam tudo que têm que fazer da forma mais assertiva possível, dentro de suas capacidades, é claro. Se você não fizer isso, a vida irá fazer!

Quanto mais você mostrar para os seus filhos, com clareza, o que pode e não pode, o que é certo ou errado segundo a lei, o que é certo ou errado com base nos valores nos quais você alicerça a criação deles, enquanto ainda são crianças, menos trabalho você terá na fase da adolescência.

Portanto, faça o que for necessário! Não tenha medo de cobrar dos seus filhos, pois, na maioria dos casos, eles têm capacidade de sobra para tirar de letra as suas exigências.

Muitos pais acabam prejudicando o desenvolvimento dos seus filhos por pensarem que eles são "coitadinhos", que não têm a capacidade de fazer as atividades bem feitas. E por isso acabam alimentando comportamentos como o relaxamento.

Exemplo: Quando o filho faz algo mal feito e os pais acabam dizendo "deixa prá lá, ele é só uma criança", ao invés de tirarem um tempo para ensinar, mostrar como se faz, ensinar os detalhes e a importância de se fazer sempre o melhor com os recursos que têm disponível.

Se estiver na dúvida, aja! E tenha em mente que, quando você fizer as cobranças a eles, talvez eles coloquem em prova o seu amor, dizendo "você não me ama".

Respire bem fundo e responda:

— É exatamente por que eu amo você que ensino a fazer as coisas bem feitas, pois acredito na sua capacidade e não quero que você se acostume com a mediocridade.

Quem ama de verdade ensina e exige!

2.10 OS LIMITES SÃO A BASE PARA A SEGURANÇA E A AUTONOMIA DAS CRIANÇAS

Muitos pais, com as melhores intenções, preocupam-se em dar o melhor aos filhos e acabam satisfazendo, além de todas as necessidades básicas, todas as suas vontades, esquecendo-se de colocar limites, estabelecer regras, corrigir seus comportamentos indesejados e ensinar valores.

No entanto, para que uma criança cresça e se desenvolva emocionalmente saudável, ela precisa de limites, ela precisa ser ensinada desde cedo sobre o que ela pode ou não fazer.

Estabelecer limites no processo de educação de uma criança é extremamente necessário, pois, quando ensinamos as regras para convivência em família, em sociedade, também ensinamos valores — como respeito, amor, humildade, paciência, amizade, generosidade, persistência, coragem, justiça, responsabilidade... — que compõem o alicerce da construção do caráter de uma pessoa.

É importante destacar que as crianças não nascem sabendo os limites, elas precisam ser ensinadas. Cada limite ou regra ensinados geram um resultado, representam uma aprendizagem para a vida da criança e repercutem nos seus comportamentos. Da mesma forma, quando os pais deixam de estabelecer limites, isso tem as suas consequências.

Quando uma criança recebe limites de uma pessoa que é uma referência para ela, ou seja, alguém em quem ela confia, por mais que ela questione, o que é normal, essa criança entende que tem uma referência, pois no íntimo ela sabe que ainda não tem a capacidade de lidar com as consequências de suas escolhas, portanto é excelente que alguém em condições assuma essa responsabilidade.

Uma criança, por mais que questione interiormente, sabe que precisa desse adulto para guiá-la rumo à autonomia.

Contudo, se esse adulto negligencia a sua responsabilidade de impor limites e estabelecer regras, com o passar do tempo, ao iniciar o ingresso na fase adulta, esse jovem começa a se sentir vulnerável, pois ele não tem a sua referência de segurança. Ele reconhece a permissividade de seus criadores como a incapacidade de lhe trazer segurança. Dessa forma, começa a desenvolver transtornos mentais por falta de segurança e falta de referência, pois não sabe em quem confiar. Por isso, quando começa a enfrentar seus próprios desafios, sente-se frágil e muitas vezes perdido, sem saber o que fazer e até mesmo a quem recorrer.

Do mesmo modo, muitos acabam desenvolvendo um alto nível de ansiedade e até desenvolvem casos de tristeza profunda, que a medicina convencional chama de depressão.

Diante de tudo que você acabou de ler, você percebe que os limites são essenciais para o desenvolvimento emocional equilibrado do seu filho?

Não se trata somente de um posicionamento quanto à forma de educar, mas, sim, de uma necessidade indispensável para construir segurança e confiança, que estão na base do processo de construção da autonomia de uma criança.

Se você quer que seu filho seja uma pessoa livre, independente e feliz, utilize na sua criação amor e limites, afeto e autoridade.

E é exatamente por tudo isso, que escolhemos como lema do Formando Pais:

Quem ama cuida, mas também ensina.

2.11 FRUSTRAÇÃO FAZ PARTE DA VIDA

Certo dia, ao conversar com a mãe de um bebê, ela comentava espontaneamente: "Não posso ver o meu filho chorar. Faço de tudo para que ele não chore!".

Esse depoimento, num primeiro momento, causou certa surpresa, mas nos ajudou a perceber que essa é, na verdade, a realidade de muitos pais e mães nos dias de hoje.

Outras frases que já ouvimos também foram:

— Dou ao meu filho tudo o que eu não tive quando criança.

— Pode até me faltar alguma coisa, mas não deixo faltar nada para o meu filho.

— Não quero que o meu filho passe pelo que eu passei.

E por aí segue uma sucessão de distorções que vêm sendo feitas na criação dos filhos de hoje.

Talvez, para compreendermos por que essas distorções vêm acontecendo, seja necessário entender um ciclo que se repete: **"Pais autoritários, filhos permissivos e netos sem limites"**.

Muitos pais, julgando que a sua criação foi muito autoritária, na sua vez de serem pais, foram para o extremo oposto, cuidando mais do bem estar e da satisfação dos filhos como forma de compensação das suas "frustrações" quando crianças, e descuidando da parte educativa.

Como consequência disso, os reflexos aparecem na criação de crianças que crescem ouvindo muitos "sins", tendo todas as suas vontades atendidas e não experimentando o sentimento de frustração, como se isso fosse prejudicial.

Frustração é algo tão importante para o desenvolvimento de uma criança como a satisfação e o prazer. Sentir-se frustrado é um exercício de percepção das emoções; é compreender que nem sempre as coisas acontecem como o planejado, que nem sempre as coisas são do jeito que se quer, que cada coisa tem um tempo para acontecer.

Enfim, deixar uma criança frustrar-se com um "não", quando perde num jogo, com a mudança de um plano, quando sua expectativa não é atendida, é fundamental para que ela comece a desenvolver um comportamento extremamente importante na vida de qualquer pessoa chamado **RESILIÊNCIA**, que é a capacidade de lidar com desafios, adaptar-se às mudanças, desenvolver flexibilidade e superar adversidades.

Alguns pais e mães perdem-se no meio do caminho, confundindo choro com sofrimento, quando na realidade é apenas uma forma de expressão e manifestação dos sentimentos, de quem ainda não possui outros recursos para argumentar, dialogar ou simplesmente entender. E, na intenção de garantir uma vida feliz para seus filhos, acabam não os preparando para a realidade da vida.

Uma criança que foi superprotegida para não se frustrar cresce com a ilusão de um mundo fictício, inexistente, que gira em torno do seu umbigo, sem oposições. E, quando surgem os primeiros obstáculos, quando recebe o primeiro NÃO, muitas vezes na escola, não conhece a frustração e acaba reagindo, na maioria das vezes, de forma negativa ou fragilizada, desencadeando agressividade e, em alguns casos, fechamento, exclusão ou, até mesmo, comportamento opositor.

Uma expressão de Içami Tiba descreve bem esse tipo de crianças como "parafusos de geleia", ou seja, aqueles que não resistem aos apertões da vida!

Portanto, pais, deixem seus filhos passarem por apertos, deixem que eles passem pelo que você passou. Talvez isso ajude eles a chegarem aonde você chegou. Ajude-os a amadurecerem!

Se você não ensinar seu filho que nem sempre as coisas vão ser do jeito que ele deseja, se ele não ouvir de você os "nãos" que forem necessários, quando ele ouvir no mundo lá fora, estará despreparado emocionalmente para lidar com as dificuldades e os desafios que podem surgir.

Como consequência de tudo isso, temos crianças e jovens que quando não atingem um objetivo, quando reprovam, ficam fragilizadas; algumas vezes desenvolvem tristezas, outras vezes, agressividade; fazem chantagem, desanimam facilmente ou desistem; não têm atitude positiva diante dos problemas e muitas vezes desenvolvem o sentimento de incapacidade.

Ainda existe outra consequência que os pais devem tomar consciência. Quando uma criança não aprende que o NÃO faz parte da vida, quando não aprende que chorar também faz parte e é normal, quando não aprende a vivenciar e expor suas diferentes emoções, como o sentimento de frustração, isso pode levá-la a buscar formas de compensação e satisfação. Muitas vezes, acontece com a comida e, em casos mais graves, com bebidas, cigarros e outras drogas.

Se você ama seu filho e quer que ele seja feliz, prepare-o para a vida real; permita que ele tenha frustrações e aprenda a lidar com elas.

Pois...

É mais fácil construir crianças fortes do que consertar adultos quebrados.

2.12 NINGUÉM NASCE FOLGADO!

Segundo o livro "Disciplina: limite na medida certa", de Içami Tiba, uma das maiores referências em educação familiar no mundo, "ninguém nasce folgado!".

Muitas vezes, pais e mães, com a melhor das intenções e com o objetivo de serem o melhor pai e a melhor mãe do mundo, acabam "aleijando" seus filhos, principalmente por não entenderem a importância de deixar essas crianças desenvolverem suas próprias capacidades e por pensarem que isso não é possível no início da vida.

Contudo, muitas vezes isso passa de forma despercebida pelos pais por pensarem no "automático".

Esse padrão comportamental pode começar a ser construído na amamentação. Por não saberem lidar com o choro, algumas mães fazem da amamentação um recurso que, com o passar do tempo, pode se tornar uma bengala.

No início da vida, a mãe leva o seio a boca da criança para estimular e ensinar a alimentação. Com o passar do tempo, a criança começa a controlar seus movimentos, já se tornando capaz de buscar o seio. Todavia, algumas mães, na busca de facilitar para os filhos, impedem que eles se esforcem para buscar sua alimentação. Ao invés de deixarem que eles se movimentem na busca do seio, essas mães colocam-se na posição de servir, levando o seio à boca da criança, sem que ela se esforce minimamente para isso.

Com o passar do tempo, se o pai ou a mãe não se dão conta desse padrão comportamental, isso só piora.

Quando os pais interpretam que seus filhos não são capazes de executarem suas tarefas, ou quando, na busca de agilizarem, ganharem tempo nessa vida corrida dos dias de hoje, fazem tarefas que seus filhos deveriam fazer, acabam fortalecendo a sensação de incapacidade neles.

Exemplos:

- Pela criança não saber se alimentar ainda da forma mais assertiva, dão a comida na boca, a fim de facilitar a alimentação mais uma vez.

- Juntam os brinquedos que os filhos deixam espalhados para ganhar tempo.

- Vestem os filhos quando os mesmos já são capazes disso; amarram-lhe os calçados.

- Quando o filho cai, ajudam a levantar ao invés de apenas incentivar.

- Dão banho quando a criança já é capaz de fazer isso sozinha.

- Arrumam a cama.

E por aí vai...

Quando o filho é pequeno e não faz por ele aquilo que já é capaz de fazer sozinho, parece normal e até inofensivo. No entanto, quanto mais essa criança for crescendo e isso passando a tornar-se um hábito, ela cobrará dos pais a realização dessas tarefas como se fosse obrigação deles.

O que no início era algo bem prazeroso de fazer acaba tornando-se um fardo pesado. Os pais passam a ser sufocados pelo filho que foi "criado" para ser um folgado.

Se der um peixe a uma pessoa, ela se alimentará um dia. Se a ensinar a pescar, ela se alimentará sempre.

2.13 DESENVOLVA A AUTOESTIMA NOS FILHOS DESDE CEDO

Entendemos por autoestima o julgamento que cada pessoa tem sobre si mesma. É a opinião que cada pessoa, independentemente da idade que possui, tem sobre suas atitudes, capacidades, atribuindo seu valor e importância. Talvez seja esse um dos mais importantes sentimentos de ser desenvolvido numa criança desde pequena.

Muitos pais têm a visão distorcida sobre como desenvolver a autoestima nos filhos, acreditando que dando amor, cuidado, satisfazendo suas necessidades e vontades, ou até mesmo elogiando, estão alimentando a autoestima dos filhos.

Contudo, a autoestima de uma criança é desenvolvida e alimentada quando ela se sente capaz de realizar algo sozinha; quando ela sente o gosto da vitória de conquistar alguma coisa e realmente merecer o elogio.

Quando os pais fazem tudo pelos filhos, além de comprometerem o desenvolvimento da autoestima, tiram dos filhos a sensação de prazer por realizar algo e ainda os deixam muito mal acostumados a esperar pelos outros ou até mesmo a não confiar na sua própria capacidade.

Os pais demonstrarão que acreditam na capacidade dos seus filhos quando os incentivarem a desempenhar pequenas tarefas desde muito cedo e permitirem que eles façam do seu jeito e com suas limitações até aprenderem da forma mais assertiva — deixando clara a importância e o valor que eles têm em realizar tal ação. Dessa forma, os pais deixam claro aos pequenos que podem contar com sua colaboração nas tarefas da casa e isso também desenvolve comportamentos como responsabilidade, compromisso e valorização do trabalho.

Alguns exemplos bem simples e fáceis para desenvolver a autoestima das crianças desde cedo:

- Quando a criança ainda é um bebê, demonstrar carinho, afeto e cuidados é fundamental, mostrando que essa criança é muito bem-vinda na família;

- Comemorar as conquistas quando a criança está aprendendo a andar, desfraldar, falar;

- Ensinar a criança a segurar a mamadeira, o talher, o copo, a comer sozinha e mostrar como ela tem ótima capacidade para aprender;

- Ensinar a escovar os dentes, tomar banho, cuidar da higiene;

- Desenvolver hábitos como juntar os brinquedos, arrumar a cama, colocar o prato na pia, secar uma caneca ou pote e reforçar que ela já sabe fazer coisas, como o pai e a mãe;

- Ensinar a vestir sua roupa, amarrar os calçados;

- Dar a tarefa de cuidar de um animal de estimação e elogiar a responsabilidade e o cuidado;

- Ensinar a preparar o seu lanche, ajudar no preparo de uma refeição, fazer um bolo ou um suco;

- Valorizar a criatividade nas brincadeiras, a leitura de um livro de história, os rabiscos, desenhos, primeiras letras, sempre incentivando a iniciativa e o esforço.

Por mais fácil que seja para os pais fazerem as tarefas por seus filhos pequenos, essa é uma ação extremamente prejudicial no desenvolvimento da atitude, da confiança na capacidade e, consequentemente, interfere na construção de uma boa autoestima e de autonomia.

Contudo, para isso, os pais e as mães precisam conter a ansiedade, a afobação ou até mesmo vencer o desejo da superproteção e dedicar tempo para que cada criança percorra o seu caminho, tendo-os como base sólida e incentivo (e não como "bengalas" sem as quais ela não conseguirá caminhar sozinha).

Pois, como diz uma frase muito sábia, "educar de verdade é ver o filho aprender a andar, resistindo à tentação de segurá-lo para não cair".

Se uma criança aprende desde cedo a "andar com as próprias pernas", conforme for crescendo irá fortalecendo a crença de capacidade e, quando chegar à fase adulta, ela demostrará que é responsável pela sua vida, pelas suas escolhas e aprenderá a lutar pelos seus objetivos e sonhos, sem esperar que alguém faça por ela, pois já descobriu desde cedo o seu valor e aprendeu a confiar em si.

Ensine uma criança a aprender e ela descobrirá o seu valor e fortalecerá sua autoestima.

2.14 DEDIQUE TEMPO PARA CONVIVER COM OS SEUS FILHOS

Em nosso instituto, Instituto Liberdade, existe um projeto chamado Pilares da Educação. Esse projeto nós desenvolvemos pela primeira vez numa prefeitura do Estado do Rio Grande do Sul. Realizamos um ciclo de palestras com o que consideramos os três pilares da Educação: os pais, os alunos e os professores. Queríamos, assim, que esses três pilares ganhassem consciência do valor que cada um tem e principalmente do valor que cada um tem para o outro, a fim de fazer com que valorizassem um ao outro, e valorizassem, também, a educação, que é o elo que os liga.

Depois de realizar esse projeto, fomos convidados para visitar várias outras prefeituras e, por unanimidade, a visão educativa que trabalhamos no Formando Pais foi várias vezes mencionada como a maior necessidade para as famílias nos dias atuais, sendo a sua ausência o motivo para os problemas comportamentais apresentados pelas crianças na escola.

Entre todas as situações, uma chamou muita atenção: a ausência dos pais. Uma criança que vai para uma escola em turno integral chega a passar onze horas na escola por dia sob a supervisão de professoras ou monitoras.

Digamos que essa criança durma mais oito horas por dia e que ela gaste mais trinta minutos de deslocamento, e mais uma hora para tomar banho e fazer sua higiene de forma completa, inclusive trocar de roupa.

Quanto tempo de convivência familiar lhe resta?

Sobram três horas e trinta minutos, sendo que essa criança ainda teria que se alimentar.

Muitos pais desperdiçam esse tempo em frente à tela do celular, à televisão, nas redes sociais... ao invés de viver ao máximo esse momento.

Inclusive, para piorar um pouco mais, conhecemos casos de pais que reclamam quando têm que ficar com seus filhos em um feriado ou quando as professoras têm alguma formação pedagógica para se capacitarem ainda mais, para cuidar dos seus filhos, e ficam impossibilitadas de dar aula por um dia.

Antigamente existia uma pesquisa que definia que as três pessoas mais importantes na formação do caráter de uma criança eram a mãe, o pai e, em terceiro lugar, a professora. Nessa época educar os filhos era motivo de orgulho para os pais. Era comum ouvir: "Quem educa meu filho sou eu".

Hoje, se limitarmos a formação do caráter de uma criança para três pessoas, continuam sendo as mesmas. Entretanto, a ordem de importância pode ser diferente em alguns casos, ficando a professora em primeiro lugar e depois os pais, pois essa professora passa mais tempo com essas crianças do que a própria família.

E, se tivéssemos que colocar uma quarta pessoa, poderíamos colocar, em alguns casos, como já ouvimos pais dizendo, alguns *youtubers*.

Na nossa visão, isso é assustador! Contudo, gostaríamos que você pensasse sobre isso.

Lembre-se de que tudo que você plantar, você irá colher!

Existe uma frase que diz:

Jamais terceirize a criação e a educação de seus filhos, porque pode ser que um dia eles terceirizem o amor, o respeito e a consideração por você.

O tempo é a moeda mais preciosa da sua vida, e só você pode determinar como utilizá-la.

2.15 ENSINE O VALOR DO TRABALHO AOS SEUS FILHOS

Ensinar a importância do trabalho aos filhos desde pequenos é uma tarefa dos pais, que trará vários benefícios para eles ao longo do seu processo de desenvolvimento e também na vida adulta.

Antigamente, por muito tempo, quando uma criança ajudava seus pais em casa era motivo de orgulho e de elogios. Entretanto, com o passar dos anos, surgiram alguns equívocos e distorções de informação quanto a ensinar as crianças sobre a importância do trabalho. Essa aprendizagem foi sendo deixada de lado, trazendo sérias consequências nos dias de hoje.

Felizmente, a legislação regulamenta essa questão, deixando bem claro aos pais quais são as suas responsabilidades. Já citamos no capítulo 1 deste livro que está previsto no Código Civil Brasileiro que compete aos pais ensinar os filhos a realizar tarefas de acordo sua idade e condição, para além de valores e regras.

Portanto, a lei define de forma bem especifica que é um **dever** dos pais, quanto aos seus filhos menores, ensiná-los a realizar serviços de acordo com sua idade. E, quando se fala de filhos menores, corresponde a qualquer idade menor de dezoito anos.

Assim, desde bem pequena, a criança já pode começar a

compreender o valor do trabalho, sendo incentivada a juntar seus brinquedos para deixar seu espaço bonito e organizado. Outra forma que os pais têm de mostrar aos filhos pequenos a importância do trabalho é associando o trabalho a coisas agradáveis, falando bem do seu próprio trabalho e executando suas tarefas de casa com entusiasmo.

Um aspecto fundamental que deve ser considerado é que a criança que ajuda em casa desde pequena começa a perceber o valor do trabalho e das pessoas que trabalham. Assim, desenvolve o respeito pelos pais que trabalham e, mais tarde, pelos seus professores e pelas demais pessoas com que convive.

Nesse processo educativo sobre o trabalho, os pais devem explicar ao filho que ele faz parte de uma família e que as tarefas da casa devem ser realizadas por todos que a ela pertencem.

É muito importante os pais compreenderem que quando ensinam os filhos a fazerem as tarefas domésticas não é simplesmente para ajudá-los, diminuindo seus afazeres, mas, sim, para ensinar àquele ser em formação a importância do trabalho, o respeito pelas pessoas e o valor das coisas, pois, caso contrário, as crianças crescem apenas usufruindo dos benefícios do trabalho dos outros.

Cada tarefa tem seu propósito e serve de aprendizagem. Por exemplo, arrumar o quarto pode servir para ensinar sobre organização; lavar a louça pode ensinar sobre capricho e higiene; alimentar o bichinho de estimação pode ensinar a responsabilidade com o outro.

Talvez você possa pensar que muitas vezes é mais rápido e fácil fazer aquela tarefa ao invés de ficar ensinando a criança. Contudo, é preciso que você tenha a consciência de que, se você ama seu filho e quer o melhor para ele, ensiná-lo a trabalhar vai fazer toda diferença na sua vida e no seu futuro, além de ser indispensável para seu desenvolvimento psicológico.

De acordo com a Psicologia, uma criança que realiza tarefas em casa tem importantes ganhos no seu processo de desenvolvimento, sente que participa da família, aprende a ser responsável, a cuidar mais das coisas, a ser autônoma e a respeitar mais os adultos que trabalham.

Também, de acordo com a Neurociência, toda vez que uma criança tem novos desafios, tem tarefas novas para aprender, o cérebro sente a necessidade de criar novas conexões neurais, que ampliam as possibilidades de aprendizagem, contribuindo para o desenvolvimento da sua inteligência.

Portanto, diante do que já foi dito, ensinar as crianças desde bem cedo a realizarem pequenos trabalhos, além de ser uma obrigação legal dos pais, é um gesto de amor e de comprometimento com o bom desenvolvimento infantil, garantindo a formação de pessoas mais responsáveis e respeitosas, fazendo com que essas crianças se sintam úteis, dando a elas a sensação de capacidade, e fazendo com que elas percebam sua importância dentro da família.

Todos os dias temos casos de pais que se queixam da ingratidão dos filhos pelo seu trabalho. Contudo, gostaríamos de deixar uma pergunta:

- Como pode um filho valorizar o trabalho dos pais se sempre ganhou tudo de mão beijada?

Pais conscientes ensinam os filhos a trabalhar desde cedo e criam pessoas autônomas, capazes de construírem suas próprias vidas sem dependerem dos outros.

CAPÍTULO 3

COMPREENDENDO O DESENVOLVIMENTO INFANTIL

3.1 A JORNADA COMEÇA: A INCRÍVEL VIDA INTRAUTERINA

Um dos conhecimentos mais fantásticos sobre a vida é o conhecimento sobre a vida intrauterina. Dentro do Treinamento Formando Pais, temos um módulo inteiro dedicado a essa fase tão fantástica, rica de aprendizagens e descobertas, que determina muito sobre quem somos hoje, independentemente da fase da vida em que nos encontramos. Esse é um conhecimento raro, que não se encontra disponível facilmente e que é totalmente diferente do convencional.

Nosso objetivo aqui não é aprofundar o estudo sobre a vida intrauterina. Mas, sim, trazer informações pontuais e importantes para compreender onde começa a fantástica jornada da vida humana.

A vida de uma pessoa começa na sua concepção. A partir desse momento, inicia-se uma jornada de muitas aprendizagens e desenvolvimento, que vai até o momento do nascimento e depois segue ao longo de toda a vida.

Nós queremos que você tenha acesso a um conhecimento que a maioria das mães e pais não têm: o conhecimento do que acontece lá na vida intrauterina. Uma criança, esse ser em desenvolvimento, tem memórias, sentimentos, emoções e comportamentos desde o ato da concepção. Assim, tudo o que acontece dentro do útero compõe o processo de formação e aprendizagem desse pequeno ser. O bebê absorve tudo isso através da mãe, dos pensamentos que a mãe tem, dos sentimentos e emoções vividos por ela durante a gestação.

É comprovado cientificamente, e também por experiência, que mais da metade do que nós somos na vida adulta vem de tudo o que aconteceu na vida intrauterina. Esse período da vida é responsável por grandes aprendizagens que fazem toda a diferença ao longo da vida e marcam a história de cada pessoa.

Portanto, a vida intrauterina é um período de desenvolvimento físico, psicológico, emocional e comportamental, construindo o ser humano de forma integral.

O bebê dentro do útero sente, vê, ouve e percebe o mundo a sua volta através dos sentidos da mãe. Também absorve emoções e padrões comportamentais.

Essa descoberta sobre a vida intrauterina é muito importante, pois dá a oportunidade à mãe de impactar positivamente a vida do seu filho, desde o início.

O primeiro ponto importante para que isso aconteça é preparar-se para viver uma gestação saudável, tranquila. Cuidando de si em todos os aspectos, como no cuidado com a alimentação, com o corpo e, principalmente, com as suas emoções e pensamentos.

Outro ponto importante é manter um diálogo constante com seu bebê, desde o momento em que descobre a sua existência. No Treinamento Formando Pais, criamos um texto para ajudar você a estabelecer um diálogo que prepara para uma gestação tranquila, estabelecendo um vínculo de amor, cuidado e proteção com o seu bebê. Ainda contém uma programação para que ele tenha saúde, felicidade, confiança e sinta-se muito bem acolhido na família. Esse diálogo está disponível no canal do YouTube: youtube.com/formandopais (Diálogo com seu bebê / Formando Pais; Metáfora para fortalecer a saúde de seus filhos / Formando Pais).

Mas o que significa programar? Significa escolher, definir o que se deseja.

Através da PNL (Programação Neurolinguística), uma forma de comunicação que ultrapassa o filtro dos ouvidos e comunica diretamente com a mente humana, é possível programar a criança para algumas características comportamentais que os pais desejam que façam parte da sua personalidade e do seu caráter desde o útero.

Por exemplo: que ela seja uma criança calma, que durma bem, que seja alegre, carinhosa, generosa, amiga, determinada, forte, corajosa...

Essa programação é feita com as palavras da mãe e também do pai, repetidas com carinho e amor para o bebê, que está absorvendo tudo lá dentro do útero.

Outra programação muito importante é a do primeiro minuto de vida. Assim que o bebê nascer, ouvir palavras de boas-vindas, juntamente com todos os desejos dos pais para sua vida, ficará gravado na sua memória para sempre.

Exemplos:

— (Nome do bebê), seja bem-vindo(a) à vida, meu(minha) filho(a)!

— Seja bem-vindo(a) a este mundo abundante e próspero!

— Nasceu um(a) lindo(a) menino(a), forte, saudável, determinado(a) e corajoso(a)!

— Você nasceu para ser muito feliz e realizar todos os seus sonhos!

— A mamãe e o papai estão muito felizes com a sua chegada!

— Você é muito bem-vindo(a) na nossa família!

Esse é o momento de deixar o coração falar e dizer a essa criança tudo o que você deseja!

Concluindo esta parte sobre a importância da vida intrauterina, cabe ainda destacar que a mãe é a grande protagonista da história da sua gestação e da chegada do seu filho ao mundo.

Com conhecimento e preparação, uma mãe pode transformar a sua gestação e a vida intrauterina do seu bebê na experiência mais fantástica de suas vidas.

3.2 A FASE MÁGICA: DESENVOLVIMENTO DO 0 AOS 3 ANOS

Agora nós iremos compartilhar com você alguns conhecimentos sobre a fase mais importante do desenvolvimento humano depois da vida intrauterina: os primeiros 3 anos de vida de uma criança, ou seja, o desenvolvimento dos bebês.

Nessa abordagem, queremos que você saiba como essa fase inicial da vida é fantástica e apresenta um universo de possibilidades de aprendizagens e evolução. Podemos dizer que é uma época mágica, **a mais importante para o restante da vida**.

Para que você tenha noção do que isso representa, podemos comparar os três primeiros anos de vida de uma criança com o alicerce de uma casa, sobre o qual toda a estrutura será construída. Da mesma forma que é a partir da estrutura do alicerce que a casa terá sua sustentação e segurança, também é a partir das vivências das crianças no início da vida que serão estruturadas todas as bases para o seu crescimento e desenvolvimento.

Os bebês aprendem mais rápido de zero a três anos do que em todo o restante da sua vida. As descobertas da ciência confirmam que o cérebro se desenvolverá ao longo da vida, pois sempre que a pessoa aprender uma coisa nova o cérebro fará novas conexões. Essa habilidade do cérebro é chamada de neuroplasticidade, a capacidade de mudar com a experiência.

Isso significa que o cérebro se modifica com base no que vivemos. Contudo, o período de crescimento mais acelerado ocorre nos primeiros anos de vida. Essa é a fase onde existe o maior desenvolvimento cerebral. O cérebro do bebê é o mais moldável do universo.

Quando nascem, os bebês possuem 100 bilhões de neurônios, as células do cérebro responsáveis por processar informações e impulsos nervosos pelo corpo. Esses neurônios fazem conexões entre si que são chamadas de sinapses. Um bebê ou uma criança pequena pode fazer em torno de 700 a 1.000 novas sinapses por segundo, podendo chegar a trilhões de conexões no cérebro de uma criança somente nessa fase da vida.

Através dessas conexões, a criança processa variados tipos de experiências, sensações e interações, ou seja, percebe o mundo através dos seus sentidos e das suas emoções. Realmente, o desenvolvimento cerebral nesse período tem uma velocidade extraordinária.

Por isso, as crianças pequenas aprendem mais rápido nessa fase da vida do que jamais aprenderão em outras fases do seu crescimento. Neurocientistas afirmam que o cérebro de uma criança é duas vezes mais ativo do que de um adulto.

Contudo, aqui temos um dado que é, no mínimo, surpreendente: embora as crianças nasçam com 100 bilhões de neurônios, chegam à fase adulta com cerca de 20 bilhões de neurônios.

Essa perda acontece pois, como o cérebro se desenvolve a partir das experiências, os neurônios que não recebem estímulos ou não são utilizados acabam não se desenvolvendo ou morrendo.

Aqui cabe ressaltar que uma das maiores contribuições das pesquisas científicas é a confirmação de que o desenvolvimento do cérebro de uma criança é influenciado tanto pelo fator genético como pelo ambiente. São esses dois fatores que juntos são os responsáveis pelo desenvolvimento cerebral.

O bebê não é apenas um ser biológico, como se determinava antigamente. Ele é um ser integral. Hoje, é denominado como um ser psico-social-biológico, pois, independentemente das suas características genéticas, será desenvolvido nas relações, vivências e experiências no ambiente ao seu redor. Por isso, destacamos a importância desse ambiente no seu desenvolvimento, bem como o papel determinante que seus pais ou cuidadores têm.

Portanto, se esses primeiros anos forem cheios de experiências positivas, de amor, cuidados, nutrição saudável e estímulos, o cérebro da criança se desenvolverá muito bem.

Por outro lado, se esse período for cheio de experiências negativas, maus tratos, desnutrição e falta de cuidados, tudo isso colocará em risco o desenvolvimento do cérebro e deixará sequelas para a continuidade da vida.

Então, o que você, que é pai, mãe ou cuidador de um bebê, pode fazer nessa incrível fase da vida para contribuir positivamente para o desenvolvimento cerebral do seu filho?

- Primeiramente, compreender que, se você tem um bebê ou uma criança de até três anos, você tem nas mãos o ser com maior capacidade de aprendizagem do mundo. Tudo o que acontece nessa fase interferirá no desenvolvimento do seu cérebro;

- No começo, conhecer seu bebê e se conectar com ele;

- Entender que o bebê vai aprender sobre si mesmo e sobre o mundo através de você;

- Saber que o bebê necessita de estímulos, assim como uma planta precisa de água para sobreviver;

- Perceber que os bebês precisam de pais e cuidadores que falem, deem risadas, mostrem curiosidade, surpresa, alegria, para que eles vivam emoções positivas. Estabelecer vínculo afetivo, dar carinho, toque, abraços, olhar nos olhos, sorrir, brincar, conversar muito com essa criança nos diferentes momentos, como na troca de fraldas, na hora do banho, na hora da alimentação...;

- Oportunizar que essa criança tenha experiências com seus sentidos, como ver, tocar, sentir, ouvir;

- Dar às crianças pequenas oportunidades de brincar, ter contato com objetos, sons, cores, texturas, água...;

- Estimular o contato com a natureza, como sentir o vento, observar animais, brincar com areia, barro, tomar banho de chuva...

Enfim, as experiências que as crianças têm no início da vida interferem no seu desenvolvimento, constituem a sua estrutura básica e ficam gravadas para sempre na sua memória.

Nessa fase, nenhum fator é mais importante do que as vivências que têm com seus pais através da construção de um vínculo de afeto, segurança e amor. A descoberta do mundo através das brincadeiras, os cuidados básicos e a forma de educar serão a base para o sucesso dessa criança na escola, nos relacionamentos e na vida como um todo.

Aproveite essa fase incrível, fantástica e encantadora do início da vida!

Neste capítulo, vamos continuar nessa jornada de descobertas e aprendizagens sobre o início da vida.

3.3 UM MUNDO DE DESCOBERTAS E APRENDIZAGENS EM 3 ANOS

Depois de ler a primeira parte deste capítulo, você já pôde perceber o quanto essa fase do desenvolvimento infantil do zero aos três anos é uma fase especial da vida.

Queremos agora que você compreenda um pouco mais como realmente acontece esse processo de aprendizagem e de descobertas e como você, estando atento, pode aproveitar essas oportunidades para estimular o potencial do seu filho ou da sua filha.

Você já parou para pensar o que significa colocar um filho no mundo? Qual sua responsabilidade no desenvolvimento dessa criança? Já parou para pensar quais comportamentos ou quais habilidades gostaria que seu filho ou sua filha desenvolvesse?

Acreditamos que todos os pais e mães desejam o melhor para seus filhos, que eles cresçam, se desenvolvam, sejam adultos independentes e felizes. Enfim, independentemente das palavras empregadas, nós realmente acreditamos que os pais desejam um futuro melhor, um excelente futuro para seus filhos.

Contudo, o foco não deve estar no futuro, e, sim, no presente — especialmente quando se trata da fase do zero aos três anos, pois o que acontece nesses primeiros momentos vai influenciar toda a vida de um ser humano, seu presente e seu futuro.

Vamos começar falando de uma característica comprovada

cientificamente: os bebês e seus cérebros são "máquinas" de aprendizagem e aprendem desde o útero. Podemos dizer que os bebês são "grandes aprendizes" e "cientistas", pois estão em processo de descoberta, experimentação e aprendizagem o tempo todo.

Os bebês e as crianças pequenas são muito sensíveis a tudo o que acontece ao seu redor. Prestam atenção em tudo, são observadores e exploradores.

Algo muito bonito de se observar nessa fase é que, como o mundo é um universo a ser explorado, sentido e conhecido, as crianças pequenas têm um senso de admiração, curiosidade e encantamento. A mente da criança é totalmente aberta à descoberta e à aprendizagem. E ela faz isso o tempo todo.

Se em algum momento da história pôde se pensar que um bebê nascia uma tábula rasa e que precisava que lhe ensinassem tudo, hoje essa ideia perdeu o sentido, pois a criança, desde o primeiro minuto de vida já está fazendo conexões cerebrais, seus neurônios já se comunicam rapidamente, processando as sensações e as primeiras interações, podendo chegar a 700 novas conexões por segundo.

Mas como esse processo de aprendizagem acontece realmente?

O bebê é um ser de relações. Ele se desenvolve a partir das relações com seu pai, sua mãe ou a pessoa que se torna responsável por ela nos primeiros momentos de vida. Isso quer dizer que aprende com as pessoas que estão ao seu redor.

O corpo e a mente do bebê necessitam de estímulos e

interações para se desenvolverem. Os estímulos podem ser tanto sensoriais (através dos cinco sentidos: visão, audição, tato, olfato e paladar), como afetivos (gestos de carinho e cuidados) e sociais (de interação com adultos, irmãos, familiares).

Crianças que têm pais participativos, que recebem estímulos, que crescem num ambiente seguro e saudável desenvolvem habilidades de interesse e de curiosidade. E, quando chegam à escola de educação infantil, manifestam essas mesmas características e seguem suas aprendizagens com espontaneidade, ao contrário das crianças que não tiveram uma boa qualidade de vivências na família. Essas acabam tendo prejuízos no seu desenvolvimento, resultantes muitas vezes da perda de neurônios que não foram estimulados. Isso quer dizer que falta de estímulos causa queda no desempenho cerebral.

Sabendo que o cérebro da criança se desenvolve a partir de estímulos e experiências, como os pais podem contribuir nesse processo de aprendizagem?

É muito simples: dando oportunidade para os bebês e as crianças pequenas se descobrirem e descobrirem o mundo.

E como eles fazem isso?

BRINCANDO!

O bebê brinca desde que nasce. O primeiro brinquedo é o próprio corpo, seus movimentos e sensações. Qual adulto não se encanta quando um bebezinho descobre as suas mãozinhas e brinca com elas, ou quando pega os pés e leva até a boca, ou faz barulhos com a boca e se diverte escutando?! A descoberta dos seus sentidos é uma brincadeira divertida e muito importante.

No começo da vida, existem duas formas de os bebês brincarem.

A primeira é com os adultos, seus pais ou cuidadores, em que as interações são feitas pelos adultos, por exemplo: brincadeira de escondeu e achou, mudança da voz, imitação de um animal, barulhos com a boca, mordidinhas na barriga etc. As crianças pequenas se encantam com adultos que cantam, dançam, contam histórias!

Depois, a segunda forma de brincar é com os objetos, e também quando começam a brincar com outras crianças. Quando falamos de objetos, são de todos os tipos, aqueles mais variados, como tampas, potes, caixas (**normalmente mais interessantes que brinquedos comprados. Pense nisso!**).

Essas duas formas de brincar preparam a criança para a próxima fase do brincar, que é o brincar simbólico, o mundo do faz de conta, da imaginação.

Observar crianças de dois e três anos brincando é incrível. É uma variação de personagens, de reinvenção do mundo, imitação dos adultos... enfim, é um mundo encantado. Na PNL (Programação Neurolinguística) chamamos de mente criativa. A criança tem a capacidade de criar os mais variados personagens, conhecidos popularmente como amigos imaginários, que não fazem parte da realidade da família ou até mesmo que já fizeram e não fazem mais, como um vovô, uma vovó. Enfim, a mente criativa de uma criança é ilimitada, fugindo dos padrões convencionais da vida adulta.

Nesse momento, cabe um alerta aos pais. As crianças naturalmente possuem criatividade e imaginação! Essas características devem ser compreendidas, respeitadas e até incentivadas.

O papel dos adultos é dar asas à imaginação e entrar no mundo da criança, pensando como se fosse uma criança criativa e não com o cérebro de um adulto. Pois o que mais faz sentido para a imaginação infantil é a possibilidade de recriação do mundo. Assim, num segundo, uma caixa de papelão vira uma nave espacial, um avião; uma tampa vira a direção de um supercarro, e por aí segue um universo de possibilidades.

O que queremos que você compreenda é que, nessa fase, a criança se desenvolve criando e imaginando. Não são necessários tantos brinquedos prontos ou sofisticados. Alguns pais compram tantos brinquedos que as crianças nem conseguem brincar com todos. E nem precisam. O importante é estimular a imaginação e, se possível, entrar nesse mundo do faz de conta junto com as crianças.

Se você fizer isso, além de estar ajudando sua criança a se desenvolver da melhor forma, também terá uma grande oportunidade de desfrutar da alegria e do encantamento do universo infantil, conectando-se verdadeiramente com seu filho ou sua filha.

Surpreendentemente, caso você realmente aproveite essa fase, brincando e mergulhando no universo do faz de conta, também estimulará a sua própria criatividade, tendo um enorme ganho na vida.

3.4 BRINCAR: O TRABALHO DA CRIANÇA

O brincar é o trabalho das crianças, pois elas se desenvolvem brincando, jogando. As brincadeiras fazem com que as crianças se desenvolvam através da ação, da experimentação e da criação. Muitas aprendizagens de regras também podem ser ensinadas quando se faz uma brincadeira ou um jogo.

Nos primeiros anos de vida, o brincar é fundamental, pois envolve o desenvolvimento da socialização, da criatividade, do pensamento de criação, invenção e reinvenção, de resolução de problemas e experimentos de pequenos cientistas.

Na realidade, as crianças pequenas são semelhantes aos cientistas, pois, através de repetidos experimentos, buscam a confirmação da aprendizagem. Um exemplo disso é quando, depois de repetidas vezes buscando encaixar uma peça num bloco de encaixe, a criança, quando consegue, desmancha e faz de novo, de novo e de novo. Outro exemplo é quando o bebê joga um objeto no chão para ouvir seu barulho, a mãe junta e ele joga de novo, assim sucessivas vezes. Isso significa que está testando o que acabara de aprender.

Podemos dizer também que as crianças aprendem por tentativas, erros e acertos. No início da vida, elas passam muito por situações assim: querem pegar algum objeto e não alcançam; começam a comer com a própria mão e quando levam a colher à boca derrubam o alimento ou acertam a bochecha...

Nessas situações, o papel dos pais é fundamental, permitindo que a criança explore, faça tentativas até alcançar o objetivo, encorajando-a e repitindo que ela é capaz, que consegue fazer. Com isso, alimentam a autoestima da criança e a sua crença de capacidade. Aprendizagens assim ensinam também comportamentos como a persistência, a paciência e a sabedoria de lidar com a frustração.

É importante bom senso e equilíbrio para educar, desenvolvendo habilidades, ensinando comportamentos positivos e crenças possibilitadoras aos filhos.

Quando alguma coisa é facilitada pelos pais, mesmo que a criança já tenha condições de fazer, isso a impede de viver aquela aprendizagem e descobrir o prazer de aprender e de se sentir capaz. Um exemplo desse tipo de situação é quando os pais deixam o filho ganhar no jogo e cedem nas regras de uma brincadeira para facilitar para ele. Da mesma forma, atitudes opostas, como a de dizer "esse jogo é difícil", "você não consegue fazer esse trabalho", "isso não é para a sua idade", podem gerar a crença de incapacidade nos filhos, criando frustração por não conseguirem realizar alguma coisa.

Os pais, nessa fase da vida, são os melhores mestres dos filhos, pois têm a oportunidade de ensinar habilidades, formas de agir e formas de se comportar no mundo que farão parte de toda a trajetória de vida dos seus filhos.

Se os pais perderem essa fase (do 0 aos 3 anos) para educar e desenvolver as potencialidades dos seus filhos, podemos dizer que perderam a fase de maior desenvolvimento cerebral.

É importante reforçar que mesmo nesse mundo virtual dos dias de hoje — no qual as crianças pequenas já estão tendo acesso a tabletes, smartphones, iPhones — nada pode substituir as aprendizagens da interação social, das relações com os pais, irmãos, parentes, colegas, professores, ou seja, as aprendizagens que acontecem no mundo real e natural.

Fique atento(a) e desenvolva o potencial do seu filho ou da sua filha!

3.5 A DESCOBERTA DE SI MESMO: O CAMINHO PARA A CONSTRUÇÃO DA IDENTIDADE

Neste momento, queremos que você compreenda como acontece a construção do "eu" de uma criança e qual é o papel dos pais ou responsáveis nesse processo de construção.

Essa construção da identidade é uma jornada que começa desde a concepção, pois, a partir desse momento, uma vida começa a ser gerada. Esse bebê já possui uma herança genética e tem potencialidades a serem desenvolvidas para constituir a sua individualidade.

Dentro do útero, o bebê está ligado à sua mãe, formando uma unidade. Ele sente que a mãe faz parte dele, pois respira e se alimenta através dela. Quando nasce, começa a sua trajetória de separação, pois agora ele terá que respirar sozinho, desenvolver a sucção para se alimentar, ou seja, começa a lutar pela sua vida. Contudo, nos primeiros meses o bebê ainda percebe como se a mãe fosse parte dele. Aos poucos, vai crescendo e desenvolvendo a percepção de que ele é um ser separado da mãe.

As suas primeiras experiências nesse novo mundo, que acaba de ser descoberto após o nascimento, serão através dos seus pais, em especial da mãe. Todas essas experiências são novas aprendizagens para o bebê, como tomar banho, mamar, ter as fraldas trocadas, enfim, todos os cuidados que recebe começam a ser integrados no seu cérebro e começam a fazer parte da construção de quem ele é.

O desenvolvimento da identidade dos bebês é um processo que dependerá dos vínculos e dos relacionamentos que estabelece com as pessoas mais próximas, como a sua mãe, o seu pai e os seus familiares.

Podemos destacar que existe um recurso fundamental para o estabelecimento de vínculos nessa fase: a amamentação. A amamentação, além de fortalecer muito o vínculo entre mãe e filho, traz benefícios únicos para o desenvolvimento infantil. O leite materno é a fonte mais saudável de alimento, desenvolve o sistema imunológico e previne distúrbios do crescimento.

Se os pais cuidarem para que os primeiros vínculos e relacionamentos sejam positivos e passem segurança e confiança ao bebê, estarão auxiliando para que essa criança desenvolva a percepção de quem ela é, como são as pessoas com quem convive e como é o mundo a sua volta, **criando assim, sua visão de mundo e sociedade**.

O ser humano é um ser de relações. A criança vai construir a sua identidade na relação com o outro. O que realmente vai fazer diferença na estrutura desse indivíduo são as relações na convivência com seus pais ou responsáveis. Sentir-se pertencente a uma família, compreender que possui uma história, que tem características que são próprias dela, como formas de agir e se comportar, ajuda a desenvolver a percepção de quem ela é.

Acreditamos que um dos objetivos que os pais devem ter

na criação dos filhos é a construção da autonomia. Mas, para isso, existe um caminho a ser percorrido, começando pela construção de uma identidade positiva dessa criança.

É importante que os pais conheçam um pouco sobre como a criança se desenvolve em cada fase para que possam intervir de forma mais assertiva.

Não se trata de enquadrá-la em padrões fechados, pois cada criança é um ser único, mas é importante saber o que esperar dela em cada fase.

Por exemplo, em relação à construção da identidade, podemos dizer que o primeiro ano de vida é a fase do reconhecimento do "eu" separado do outro. Esse reconhecimento segue se consolidando no segundo ano, quando começa uma fase conhecida como "fase da birra", pois a criança já está com a linguagem mais desenvolvida e começa a utilizar sem moderação a palavra "não" ou começa a demonstrar o que quer com mais intensidade.

Por que isso acontece? O que você precisa entender é que esse é um processo natural de desvinculação dos pais, em que a criança utiliza o "não" como uma forma de expressar que o que ela quer é diferente ou separado da mãe, do pai ou de outro adulto. É uma fase de afirmação do seu espaço. Ela quer mostrar que tem um pensamento e um jeito próprio de agir. Que ela tem um querer. E parece que sabe muito bem demonstrar isso!

Muitos pais, por desconhecerem a origem dessa tão temida

birra, acabam não sabendo como lidar e muitas vezes acabam cedendo à pressão feita pela criança. E, o que poderia ser uma fase passageira desse processo de construção da sua individualidade, acaba se tornando um comportamento de manipulação em relação aos pais.

Compreendendo que essas características fazem parte do processo de desenvolvimento da identidade, cabe aos pais agirem de forma educativa, deixando claro para a criança o que pode ou não fazer, independentemente de choro ou birra.

Nessa fase, se os pais reforçarem o comportamento da birra, não compreendendo como uma reação passageira em que a criança testa e busca a afirmação dos seus desejos e espaços, mas como uma característica da identidade da criança, estarão contribuindo para que se fortaleçam os comportamentos indesejados da criança, que podem deixar de ser apenas ações e passarem a fazer parte da sua identidade.

Portanto, pais e mães, fiquem muito atentos com as palavras que utilizam para descrever seus filhos nessa fase inicial da vida, pois a criança vai absorver tudo o que você disser sobre ela e isso vai sendo integrado na sua identidade. As suas palavras têm peso, significado e verdade para ela. Ou ajudam a criar uma boa autoimagem e autoestima ou podem deixar marcas negativas na identidade da criança.

Por exemplo: se uma criança ouve constantemente dos seus pais que ela é teimosa, que só sabe fazer birra, que não sabe fazer nada bem feito, que incomoda, ela vai passar a acreditar que é assim e adotar esse comportamento na sua vida.

O contrário também acontece. Se a criança é reconhecida pelo seu esforço em aprender, se ela ouve palavras de encorajamento, de fortalecimento de comportamentos, como: você é amorosa, dedicada, educada, sabe respeitar... essas características, reafirmadas nos comportamentos, começam a ser integradas na sua identidade.

Diante de tudo que foi falado até aqui, reflita sobre como você está contribuindo para esse processo do desenvolvimento da identidade do seu filho ou da sua filha!

Lembre: você é muito importante para essa criança!

3.6 COMO SE CONSTRÓI O CARÁTER NOS PRIMEIROS ANOS DE VIDA

Um conhecimento que consideramos um dos mais importantes do Treinamento Formando Pais é sobre o processo de formação do caráter de uma criança e sobre o papel determinante que os pais e criadores têm nessa construção.

Em todas as páginas desse capítulo do desenvolvimento infantil, você vai perceber que a infância é a fase mais importante para o desenvolvimento de uma pessoa. E isso também vale para a formação do caráter, pois a esta começa desde os primeiros dias de vida e vai até os oito anos de idade.

Mas, para começarmos nossa conversa, queremos que você compreenda: O que é caráter? Como ele é formado? Por que às vezes se ouve que determinada pessoa tem um bom caráter ou tem um mau caráter?

Caráter é um conjunto de características que definem o jeito de ser e de agir de uma pessoa, incluindo suas atitudes, valores e comportamentos.

Contudo, o que é mais importante você saber é que o caráter não nasce com a criança, ele é construído, aprendido.

E como isso acontece?

Ele é formado por hábitos e ensinamentos que são transmitidos às crianças sobre o que é certo ou errado, sobre os valores e princípios de conduta, ou seja, como ela deve se comportar na família e na vida como um todo.

E, quando falamos em hábitos e valores, talvez o que mais exemplifique como isso acontece seja a frase: "Criança vê, criança faz!".

Portanto, as crianças observam nos seus pais e criadores seus exemplos e vão aprendendo como devem agir também. As mensagens chegam até elas através dos modelos que observam, muito mais do que pelo que lhes é dito.

Se a criança tem exemplos positivos, vai desenvolver hábitos positivos. Se os exemplos forem negativos, vai desenvolver hábitos negativos. E tanto hábitos positivos como negativos começam a se consolidar e a ficar gravados na mente da criança, fazendo parte do seu caráter.

E aí ficam alguns questionamentos para que você reflita:

- Que valores e comportamentos você deseja que façam parte do caráter dos seus filhos?

- Esses hábitos e comportamentos são percebidos pelos seus filhos nas suas atitudes diárias?

De nada adianta você dizer ao seu filho que ele tem que ser honesto, ter respeito, falar a verdade, se essa criança não perceber esses valores nas suas atitudes do dia a dia. Se, ao contrário, perceber mentiras e situações de desonestidade, isso é o que vai ser aprendido, pois tudo o que a criança vive até os 8 anos influenciará diretamente no que ela será na vida adulta. É a base do seu caráter!

Talvez, o valor da confiança seja um dos primeiros a ser

construído, porque, se a criança desde pequena não aprender, através das vivências na família, a confiar nos seus pais, não apenas para segurança e proteção, como também para o cumprimento da palavra, na coerência entre o que é dito e o que é feito, como pode ela ter essa característica da confiança no seu caráter?

Portanto, os pais e criadores são os primeiros grandes responsáveis pela formação do caráter dos filhos. Depois, a criança, através das suas relações na escola e com outras pessoas, vai observando outras formas de agir e se relacionar.

Concluindo, queremos que você reflita sobre a grande responsabilidade e oportunidade que você tem nas mãos, que é a formação do caráter de uma pessoa, ou seja, você tem o poder de influenciar toda a vida dos seus filhos a partir de uma base bem consolidada do 0 aos 8 anos. Depois dessa fase, você terá que cuidar só dos ajustes, aprimoramento e reafirmação de tudo que já está na base.

Se você tem filhos nessa faixa etária até 8 anos, aproveite essa fantástica oportunidade de deixar marcas positivas no caráter dessas crianças. Transforme cada gesto, cada atitude em aprendizagens para a vida.

Agora embarque na "máquina do tempo" e imagine-se no futuro, alguns anos à frente... Perceba que seu filho ou sua filha se transformou numa pessoa com excelente caráter e saiba que a pessoa que ensinou e que fez toda essa base foi você. Como vai se sentir?

Lembre-se, mais uma vez, de que quem sabe o que planta não teme a colheita!

3.7 CONHECENDO O CÉREBRO: UM CONHECIMENTO QUE FAZ TODA A DIFERENÇA NA CRIAÇÃO DOS FILHOS

Conhecer como funciona o cérebro é algo fundamental para todas as pessoas, especialmente quando estamos falando de pais ou educadores. Compreendendo como o cérebro funciona, os pais ampliam a capacidade de compreender melhor os seus filhos, agindo de forma mais assertiva, contribuindo para um desenvolvimento saudável em todas as áreas da vida.

Sabendo que o cérebro é moldável, isto é, se transforma através das experiências, os pais têm a possibilidade de oportunizar aos filhos diferentes tipos de vivências, para que as aprendizagens aconteçam. Portanto, tudo que acontece com a criança — uma nova aprendizagem, brincadeiras, emoções vividas, receber gestos de carinho e cuidados, ser ensinada a obedecer a uma regra, aprender a fazer alguma coisa, ou ficar parada na frente de uma tela de um aparelho eletrônico — interferirá no seu desenvolvimento cerebral.

Contudo, é importante destacar que não basta apenas saber que o cérebro se desenvolve através das experiências, é fundamental saber como utilizar essas experiências para que as crianças desenvolvam o autoconhecimento, a disciplina, os valores, o controle das emoções, aprendam a se relacionar com as outras pessoas, possam ter sucesso na escola e futuramente na vida profissional. Pois todas as experiências vivenciadas possibilitam aprendizagens.

É importante você saber que o cérebro é dividido em dois lados, chamados de hemisférios: o direito e o esquerdo. Embora façam parte do mesmo cérebro e se comuniquem entre si, esses lados têm algumas características próprias e funcionam de modos diferentes.

Vamos conhecê-los então?

O lado esquerdo do cérebro é o da lógica, manifesta-se através do raciocínio e da linguagem oral. Expressa os sentimentos através de palavras. Também é linear, colocando as coisas em ordem e sequência. É organizado e presta atenção aos detalhes.

Já o lado direito do cérebro é o da emoção e da percepção. Percebe se estamos nos sentindo felizes ou tristes, calmos ou agitados. Comunica-se através da linguagem não verbal, como expressões faciais e tom de voz. Não se detém aos detalhes, e, sim, à visão global, às sensações e imagens.

E o que isso tem a ver com criação dos filhos?

Para que uma criança possa ter um desenvolvimento equilibrado, ela precisa que seu cérebro funcione o mais integrado possível, ou seja, ela precisa aprender a valorizar tanto a lógica quanto as emoções. Inclusive, no livro "O Cérebro da Criança", os autores utilizam a expressão "crianças com cérebro por inteiro", pois, quanto mais equilibrado for o desenvolvimento cerebral dos nossos filhos, melhor será para o seu desenvolvimento pessoal e para a sua construção de autonomia, liberdade e felicidade.

Uma das grandes dificuldades apresentadas pelas crianças e adolescentes hoje é não saber lidar com as suas emoções. Muitos nem sabem reconhecer as suas emoções básicas: o medo, a raiva, a tristeza e a alegria.

As emoções são fundamentais para que qualquer pessoa possa ter uma vida plena. No entanto, uma pessoa não pode deixar-se ser movida sempre pela emoção, esquecendo a lógica e a razão. Se utilizasse mais o lado direito do cérebro, viveria absorvida de sensações e de emoções. O contrário também não é o ideal — utilizar só a lógica e a linguagem, sem levar em conta os sentimentos.

Como pai ou mãe, existem momentos em que você vai precisar controlar sua emoção e utilizar a razão para poder agir e tomar uma decisão. Já em outros momentos, você vai deixar a emoção aflorar, por exemplo, para colocar-se em sintonia com seus filhos.

Esse processo também acontece na cabeça da criança. E, se tratando de desenvolvimento infantil, as crianças pequenas, especialmente até os 3 anos, têm o lado direito predominante, pois ainda não desenvolveram totalmente a capacidade de utilizar a lógica e as palavras para manifestar seus sentimentos. As crianças dessa fase vivem centradas no momento presente, na experiência que estão vivendo.

Nesse período começa uma fase muito legal, que é quando a criança começa a perguntar “Por quê?”. É a chamada fase dos “porquês”! Esse momento representa que o hemisfério esquerdo do cérebro está começando a atuar, utilizando a linguagem, as palavras para compreender o mundo. Também está desenvolvendo a capacidade de utilizar a lógica e o raciocínio.

Nessa fase, os pais ou educadores desempenham um papel muito importante, pois quando prestam atenção nas perguntas das crianças e conversam com elas explicando as respostas, além de estimular a curiosidade, estão contribuindo para um desenvolvimento integrado do cérebro.

Qual é então o desafio dos pais?

- Contribuir para que a criança utilize os dois lados do seu cérebro!

Como?

Antes de explicar a ferramenta, é importante que você compreenda que não vai parar para fazer isso num momento específico. O que você vai fazer é aproveitar as situações cotidianas, os momentos desafiadores para interferir.

O primeiro passo é estabelecer sintonia com seus filhos, prestar atenção nas suas reações. E essas reações, por mais que pareçam sem importância para nós, adultos, para as crianças têm grande significado.

Acompanhe esse exemplo:

Imagine uma criança totalmente absorvida pela emoção, chorando porque o irmão desmanchou seu castelo que havia acabado de construir. Ela vai reclamar com a mãe.

Se a mãe responder para seu filho utilizando apenas a razão e as palavras, dizendo que ele pode fazer outro castelo, estará se direcionando ao seu lado esquerdo do cérebro, que naquele momento não está atuando.

Contudo, para estabelecer essa sintonia, a mãe no primeiro momento deve comunicar-se com o filho utilizando o lado direito do cérebro também, mostrando a ele que compreende como ele está se sentindo. Deve aproximar-se fisicamente da criança e dizer:

— Imagino que você se dedicou para fazer esse castelo. Às vezes, na vida, acontecem coisas desagradáveis e ficamos chateados.

Com essa aproximação, a mãe já estabelece uma conexão com o lado direito do cérebro da criança.

O segundo passo é trazer o lado esquerdo do cérebro à ação para resolver a situação, perguntando:

— Como você pode resolver essa situação?

Ou

— Você gostaria de fazer um outro castelo?

Quando a criança responder essas perguntas, já terá integrado os dois lados do cérebro e equilibrado as emoções.

Outra ferramenta que pode ser utilizada para ensinar as crianças a utilizarem os dois lados integrados é estimulá-las a falarem dos seus sentimentos, a contar suas histórias. Ou seja, dar oportunidade para as crianças falarem sobre as coisas que aconteceram com ela, especialmente aquelas que tiveram impacto emocional.

Recontar os fatos, colocando sequência lógica, faz com que a criança organize seus pensamentos e equilibre as emoções. Para isso, os pais podem fazer perguntas, auxiliando seus filhos nessa organização.

Por exemplo:

— O que aconteceu hoje quando você estava brincando na pracinha?

E se ela responder: — Eu caí do balanço!

— E, quando você caiu, o que aconteceu?

— E depois?

— O que você sentiu?

— Ficou tudo bem no final?

Essas perguntas ajudam a criança a transformar seus sentimentos em palavras e a lidar melhor com as emoções.

Com essas práticas simples, se você estiver atento às ações e reações dos seus filhos, você oportunizará aprendizagens que serão muito significativas em todo o seu desenvolvimento.

3.8 A ESCADA DO CRESCIMENTO: UMA METÁFORA PARA ENTENDER O DESENVOLVIMENTO INFANTIL

Encerramos este capítulo com uma metáfora que mostra como o crescimento infantil acontece, no qual cada momento, cada fase vai se desenvolvendo numa sequência natural e perfeita. Se esse crescimento for conduzido por pais e mães preparados, conhecendo as características de cada fase em que seu filho se encontra, poderão agir com assertividade e contribuir para que os estímulos e aprendizagens necessárias aconteçam.

Compreender as fases do desenvolvimento infantil e conhecer o seu filho é de total importância no processo de educação de uma criança. Se você não entende as características comportamentais de cada fase, como pode interferir positivamente?

Segue a metáfora. Boa reflexão!

Existia um reino onde as crianças eram muito inteligentes, espertas e aprendiam a fazer suas coisas desde muito cedo.

Nesse reino, havia uma escada do crescimento onde cada uma das crianças tinha o direito de subir um degrau a cada aniversário, conforme sua boa vontade em aprender a fazer as coisas.

Existiam alguns degraus que eram muito importantes e também davam superpoderes para quem chegasse neles.

O primeiro degrau era muito especial, pois era o degrau do poder de caminhar, que permitia a cada criança dar seus primeiros passos firmes e confiantes. Era o início da sua trajetória de subir a escada, os primeiros passos da jornada da identidade e da autonomia.

No segundo degrau, já era possível ampliar os horizontes com o poder de falar, transmitindo em palavras a outras pessoas os seus pensamentos. Também nesse degrau, as crianças ganhavam o superpoder da capacidade de aprender coisas novas, começavam a se posicionar e aprendiam a passar por algumas fases importantes para a autonomia.

As crianças que subiam o degrau de número 3, recebiam os poderes da imaginação, da criatividade e aumentavam a disposição para ajudar os pais no que precisassem, como nas tarefas da casa, já provando seu valor. Esse degrau era muito poderoso.

O degrau de número 4 era um dos superpoderosos, pois quem chegava aos 4 anos recebia a capacidade da amizade, do respeito consigo e com o espaço do outro, compreendendo os limites e as boas maneiras para poder se relacionar com as outras pessoas. Também recebiam o poder da curiosidade, tão necessário para desenvolver sua inteligência.

Quando chegavam a subir no degrau de número 5, além de aumentarem o superpoder da curiosidade por conhecer coisas novas, criar e imaginar, também ficavam mais independentes e sociáveis. As crianças que estavam nesse degrau desenvolviam muito a sua capacidade de criar e de sonhar.

O degrau de número 6 era um marco bem importante, pois nessa fase ganhavam o superpoder da responsabilidade e do compromisso. Além de já terem muitas habilidades, também ganhavam mais o superpoder da energia e da disposição para aprender qualquer coisa que desejassem, ampliando seus horizontes e descobrindo novas capacidades.

E quando chegavam ao degrau de número 7, algo mágico acontecia, pois ganhavam o superpoder do raciocínio lógico e do pensamento crítico, juntamente com o poder de argumentar e resolver problemas mais complexos. Era uma fase de mudanças comportamentais e exigia atenção e orientação.

O degrau 8 representava a conclusão da primeira e mais importante etapa da escada. Quando uma criança subia nesse degrau, significava que ela já havia conquistado os principais superpoderes que precisaria ao longo da sua vida. Nesse momento, ela fortalecia dentro de si os valores e os bons sentimentos, como amor, carinho, respeito, amizade, responsabilidade, comprometimento, honestidade, generosidade, humildade e, em especial, gratidão pela sua vida e pelas pessoas que a ajudaram a chegar até aqui.

A partir desse momento, a subida na escada tornava-se mais fácil, pois cada criança já possuía as competências que deveriam ser colocadas em prática no seu dia a dia, treinando, aprimorando, aprendendo.

Até chegarem ao degrau de número 17, existia um tempo de amadurecimento, de novas aprendizagens, de adaptação e de preparação das crianças, que um dia se transformariam em adultos. Mas, se elas fossem bem conduzidas a cada degrau, utilizando os recursos que já haviam recebido, essa jornada tendia a ser fantástica!

CAPÍTULO 4

PAIS E FILHOS NA FANTÁSTICA VIAGEM DA VIDA: SEMPRE É TEMPO DE APRENDER, SEMPRE É TEMPO DE ENSINAR...

Se nós tivéssemos que resumir para você em uma aprendizagem o que consideramos fundamental compreender nesse processo da criação dos filhos, utilizaríamos o lema do nosso instituto: **A felicidade é uma questão de escolha**. E ainda complementaríamos dizendo que ela está no caminho, na jornada, e não no destino.

Ser feliz na criação dos seus filhos é, sim, uma escolha. Contudo, essa escolha exige de você algumas atitudes. A primeira delas é ser humilde, para aprender, estudar, buscar conhecimentos que lhe possibilitem entender seus filhos e ajudá-los a crescer.

A segunda atitude é ter coragem para dar o primeiro passo, para fazer as transformações que precisam ser feitas na sua vida, para que você possa ter orgulho de você e dos seus filhos.

Também é fundamental desenvolver a fé. E, quando falamos de fé, estamos falando sobre acreditar no que ainda não se vê. Acreditar na sua capacidade de educar, acreditar na construção de um mundo mais feliz, com pessoas do bem.

É a fé que vai fazer você dedicar tempo para cuidar do seu filho e educá-lo quando ele chora e você não sabe o que ele quer. É a fé que vai fazer você não desanimar diante das birras, teimosias, rebeldias e contestações que colocam sua determinação à prova todos os dias.

É fé que vai manter você firme e forte quando passar por adversidades, quando tiver problemas para resolver, quando tiver que dar conta de tudo, tomar decisões e enfrentar seus medos. E essa fé vai sendo fortalecida na jornada, nas aprendizagens do dia a dia.

Não importa onde você está hoje, nem a idade do seu filho ou da sua filha. Você pode escolher, hoje, conquistar a felicidade.

Basta dar o primeiro passo. Mesmo a maior de todas as maratonas começou com o primeiro passo. E depois, é seguir com um passo de cada vez.

Acreditamos que nada nesta vida é por acaso. Se você chegou até aqui, ao final deste livro, é porque alguma aprendizagem importante você precisava ter com ele.

Se você tem um ou mais filhos, essas crianças têm muito a lhe ensinar e você tem muito a ensinar a elas.

E como escreveu Saint Exupéry no livro "O Pequeno Príncipe": "Tu te tornas eternamente responsável por aquilo que cativas".

Nós realmente desejamos que você possa cativar os seus filhos, criando laços fortes, com o amor responsável, generoso, verdadeiro. **O amor que cuida, protege, exige, corrige, incentiva e ensina. Enfim, o amor que educa para a vida, que prepara para a liberdade com responsabilidade.**

Existe uma frase que representa muito bem o papel dos pais: "**Os dois maiores presentes que podemos dar aos filhos são raízes e asas**".

As raízes representam a base da criação, aquilo que dá sustentação — que são os valores e a formação do caráter. Também representam as origens, a história de cada pessoa, sua família, ou seja, de onde vem.

E as asas significam que os filhos crescem e um dia vão alçar seus próprios voos, vão seguir suas vidas, realizar seus sonhos. As asas representam a autonomia e a independência, que serão frutos de uma boa educação desde o início da vida.

Quando chegar esse momento, em que você enxergar seu filho voando com asas fortes, sabendo a direção a seguir, você vai perceber o seu legado, a sua marca, o ser humano que você deixou para este mundo.

Talvez passe um filme na sua memória dessa trajetória e pode ser que você tenha a sensação de que passou tão rápido, como se fosse há alguns dias que essa ave imponente era apenas um filhotinho que dependia de você até para se alimentar.

É exatamente assim, o tempo não para. Por isso é tão importante viver bem o hoje, educar seu filho hoje e ser feliz hoje.

Que você utilize com sabedoria os conhecimentos e ferramentas compartilhados aqui.

A jornada continua!

Parabéns por ter chegado até aqui! Isso significa que você realmente dá valor à criação de seus filhos!

Até breve!

Se você gostou do conteúdo deste livro, temos duas notícias boas para você:

1ª - Você pode expressar sua opinião diretamente para nós autores, através da página de Feedback do livro. Nela, você pode dar sua sugestão, solicitar algum conteúdo específico, criticar ou até mesmo agradecer e relatar como foi ou como está sendo a aplicação desse conteúdo com seus filhos e com a sua família.

2ª - Já está disponível o link para adquirir o E-Book da Série Formando Pais sobre a Adolescência.

www.formandopais.com/livroadolescencia

Baixe e leia em seu celular! Ou, se inscreva para o lançamento do livro físico.

Aproveite!

FORMANDO PAIS

PARA SABER MAIS SOBRE O FORMANDO PAIS, ENTRE EM CONTATO PELAS NOSSAS REDES SOCIAIS.

Vitrola®
editora

editoravitrola

VITROLA EDITORA E DISTRIBUIDORA LTDA
Rua das Camélias, 321 - Aparecida
CEP: 98.400-000 - Frederico Westphalen - RS
Telefone: (55) 3744-6878
editora@vitrola.com.br
www.vitrola.com.br